LITTÉRATURE ORALE,
GENRES, FONCTION ET RÉÉCRITURE

5-7, rue de l'Ecole polytechnique ; 75005 Paris

http://www.librairieharmattan.com
diffusion.harmattan@wanadoo.fr
harmattan1@wanadoo.fr

ISBN : 978-2-296-06290-0
EAN : 9782296062900

LITTÉRATURE ORALE, GENRES, FONCTION ET RÉÉCRITURE

Textes réunis, corrigés et présentés par Marie-Rose Abomo-Maurin

L'HARMATTAN

Etudes Africaines

Collection dirigée par Denis Pryen et François Manga Akoa

Dernières parutions

Michèle CROS, Julien BONHOMME (dir.), *Déjouer la mort en Afrique*, 2008.

Aimé Félix AVENOT, *La décentralisation territoriale au Gabon*, 2008.

Jean-Claude OLOMBI, *La profession d'Huissier de Justice au Congo*, 2008.

Dominique DIETERLE, *Ani Sara, Lettres aux enfants du Togo*, 2008.

Mamadou KOULIBALY, *Leadership et développement africain ; les défis, les modèles et les principes*, 2008.

Sylvie BREDELOUP, Brigitte BERTONCELLO, Jérôme LOMBARD (éds), *Abidjan, Dakar : des villes à vendre ? La privatisation* made in Africa *des services urbains*, 2008.

Gansa NDOMBASI, *Le cinéma du Congo démocratique. Petitesse d'un géant*, 2008.

René MANIRAKIZA, *Population et développement au Burundi*, 2008.

Appolinaire NGOLONGOLO, *L'immigration est-elle une menace pour la France ?*, 2008.

Lydie Akibodé POGNON, *Valeurs du travail et processus psychologiques de l'absentéisme. Revue de la question et perspectives africaines*, 2008.

C. DILI PALAI, K. DINA TAÏWE (dir.), *Culture et identité au Nord-Cameroun*, 2008.

Graham CONNAH, *Afrique oubliée. Une introduction à l'archéologie du continent*, 2008.

Ghislaine N. H. SATHOUD, *L'Art de la maternité chez les Lumbu du Congo. Musonfi*, 2008.

Seyni MOUMOUNI, *Vie et œuvre du Cheik Uthmân Dan Fodio (1754-1817). De l'islam au soufisme*, 2008.

Boubacar BA, *Agriculture et sécurité alimentaire au Sénégal*, 2008.

Pierre KAMDEM, *Le Mouvement associatif de la diaspora camerounaise. Enjeux et perspectives*, 2008.

C. DILI PALAI, D. PARE (sous la dir.), *Littératures et déchirures*, 2008.

AVANT-PROPOS

Un nouvel ouvrage sur la littérature orale ! Les spécialistes se feront fort d'afficher leur scepticisme, défiant l'entreprise d'apporter quelque chose de nouveau, de différent. Parce que croyant à tort ou à raison que tout a déjà été dit de la littérature orale, et que tout nouvelle contribution ne pourrait être que redite, répétition.

La pertinence du regard de ce nouvel apport sur la littérature orale africaine est sa transversalité.

Que l'on se situe au niveau de l'aspect purement formel, les études présentées peuvent trouver un dénominateur commun soit dans les zones géoculturelles : les *moose* (Sissao, Degorce), les *pahouins* (Abomo-Maurin, Belinga b'Eno) ; soit dans la présentation de gestes particulières ou de formes circonstancielles : poésies, jeux et chants divers (Bornand, Degorce, Dauphin-Tinturier) ; soit encore dans les thèmes abordés par les textes oraux ; la femme (Bornand, Dauphin-Tinturier, Tang, Abomo-Maurin,), les contes animaliers (Ugochukwu, Cornius), soit enfin dans l'interaction qu'il y a entre oralité et écriture (Abomo-Maurin, Cornius, Gueyes-Troh).

Que l'on aborde la classification consacrée qui fixe les genres, les textes qui constituent cet ouvrage balaient d'un large spectre sa couverture : le conte (Tang, Cornius), l'épopée (Belinga b'Eno, Abomo-Maurin, Gueyes-Troh), le chant traditionnel rituel (Bornand, Degorce, Dauphin-Tinturier).

Que l'on s'attarde enfin à chercher la fonction de la littérature orale (socialisation des individus, pédagogie et didactique traditionnelles, intérêt sociologique du texte oral, etc.) ou bien les valeurs qu'elle véhiculerait à travers la réappropriation qui pourrait en être faite dans les nouveaux canaux de transmission - écriture -, on serait en mal de nier que l'ensemble des textes apportent, chacun à son degré, sa contribution.

C'est dire que la perspective du présent ouvrage dépasse les cadres d'établissement figés d'une certaine norme, au-delà de toutes les conventions jusqu'ici respectées et établies comme tradition.

La portée de ces analyses est, sans prétention, d'ouvrir à la généralité à partir de cas spécifiques.

Le premier texte est à cet égard représentatif de l'ensemble de l'œuvre. Sissao présente un panorama de la littérature orale *moose* qui reste valable pour tous les autres peuples. A travers l'exemple de la littérature *moose,* c'est toute la littérature africaine qui est visitée à travers les genres narratifs et les genres non narratifs.

Pareillement, qu'il s'agisse de la légitimation des poètes dans une société traditionnelle dont on ne sait pas très bien comment fonctionnait l'instance critique, de la place de la femme dans cette même société, de la permanence du conflit entre tradition et modernisme dans les groupes humains, de la modernité des textes traditionnels, de l'idéologie des genres majeurs tels que l'épopée, les cas d'application proposés s'étendent et peuvent s'actualiser à des groupes non évoqués ici, à l'ensemble des peuples où la littérature orale est encore pratiquée de manière active, c'est-à-dire fonctionnelle.

Et ce n'est pas le moindre des mérites de cet ouvrage. De nouvelles directions de recherches sont envisagées, comme l'intertextualité interculturelle ou le syncrétisme culturel, inaugurés par Senghor dans une vision novatrice et actuelle de l'oralité aujourd'hui.

Charles Belinga b'Eno

Introduction

L'ensemble des treize études qui composent *Littérature orale : genres, fonction et réécriture* est le fruit d'un long et patient travail d'assemblage de textes. Il est surtout le résultat de la collaboration d'une dizaine de chercheurs passionnés par la littérature orale et ses avatars dans les textes écrits, aussi bien en langues locales que dans le roman en français. Il a fallu la patience de ceux qui ont été conviés les premiers à participer à cette entreprise, l'ardeur des derniers appelés pour que ces treize études voient le jour.

De quoi s'agit-il ? Le groupe de chercheurs qui a participé à la confection de cet ouvrage s'est fortement attaché, les uns à l'analyse du texte oral, à sa description et à sa fonction dans des groupes sociaux donnés. Les autres se sont interrogés sur l'insertion des genres oraux dans les textes écrits, en langues locales ou en français. D'autres enfin se sont intéressés à la réécriture de ces genres.

Ce livre explore donc, dans une Afrique culturelle multiple, les discours littéraires et leur impact social. La variété des sujets montre la richesse des genres de la littérature orale, les affinités qu'elle entretient avec d'autres discours ou espaces culturels.

Ainsi du texte oral, dans son acception traditionnelle, à l'insertion des genres oraux dans l'écrit, des textes transcrits à l'inscription de l'épique dans le roman ou la nouvelle, ce livre se veut une traversée de l'espace et du temps. Il est vrai que l'ensemble des études se focalise surtout sur les deux régions de l'Afrique de l'Ouest et l'Afrique centrale. Aussi peut-on regretter, dans cet ensemble, l'absence d'articles sur le reste du continent. Le texte d'Anne-Marie Dauphin-Tinturier sur les chants initiatiques chez Bemba de Zambie n'atténue que très peu ce regret.

Dans l'avant-propos de cet ouvrage, Charles Belinga b'Eno met en évidence les différents angles d'approches possibles. La volonté de rassembler ces travaux en trois parties obéit avant tout à un souci de cohérence et à une logique. Ainsi, la première partie, concernant les « genres oraux : textes et statut », s'intéresse à la taxinomie et à la définition des genres oraux. Elle s'ancre dans la description et le fonctionnement des textes. Cette étape s'ouvre sur l'« Aperçu sur la littérature orale moaaga » d'Alain-Joseph Sissao. L'auteur construit son discours sur la typologie et taxinomie des genres oraux moose. Il distingue ainsi les genres narratifs des genres non narratifs. Ces derniers comprennent le *yelbûndi* ou proverbe et le *zabyvvre* ou nom de guerre, tandis que les formes narratives comptent le *solem wokko* (pl. *wogdo*) ou contes longs, le *kibare (*pl. *kibeya)* ou nouvelles, le *yillè* (pl. *yillà*) : chant, chanson. Ce travail met en évidence les rapports qui peuvent s'établir entre le verbe, ou parole, et le corps, entre les catégories de la parole. Il analyse enfin la place des détenteurs de la parole traditionnelle dans la société.

Dans « Disposition narrato-discursive et idéologie de la non-guerre dans le lexique du Mvët ékañ », l'épopée est analysée dans ce qui justifie fondamentalement le cycle du Mvët ékañ. Charles Belinga b'Eno s'intéresse en effet aux concepts de guerre et de paix qui justifient les guerres entre les Ékañ et leurs voisins. Il place au centre de sa réflexion la notion « d'argument guerrier » inhérente au genre. Le contexte historique légitime la violence qui, à son tour, explique la férocité de ce peuple d'Immortels. Le canevas est tel qu'aucun artiste ne peut s'arroger le droit de le transgresser. La violence et la cruauté constituent la toile de fond des portraits des personnages autant que leurs actes. La barbarie s'inscrit ainsi d'emblée dans les toponymes comme dans les patronymes. Elle est l'élément essentiel de la narration. L'idéologie qui sous-tend le comportement des hommes consiste à faire la guerre pour maintenir la paix. Tel est par exemple le fondement de l'antagonisme séculaire qui oppose les Ékañ à ceux d'Okü.

Dans sa contribution, « la légitimation en littérature orale : le cas du poète dans l'épopée orale du Mvët du Cameroun, du Gabon et de la Guinée équatoriale », Charles Belinga b'Eno nous situe au cœur de la société dite pahouine[1]. L'auteur définit le genre épique, analyse le statut de l'artiste, *mbômô-mvët.* Il saisit son rôle, son statut et sa signification dans les conditions d'une performance. L'auteur de l'article énonce les circonstances de production du mvët, précise le contrat de parole qui lie l'artiste à son auditoire, dans une interactivité et un dialogue qui mettent en exergue la connaissance de l'univers des immortels Ékañ.

La seconde partie du livre cerne le rôle et la fonction des genres oraux dans la société. « Le marcanda ou le deuil de la femme préférée » de Sandra Bornand, tout en inaugurant cette seconde étape de notre réflexion, explore un des aspects de la littérature orale zarma. L'auteur en définit le contexte d'énonciation : le rituel correspond à une situation précise et somme toute exceptionnelle dans cet univers zarma. La hiérarchisation de la société féminine apparaît de manière sensible dans cette cérémonie. En effet, les représentantes des premières

---

[1] Celle-ci est composée des Fang, des Boulou et des Beti. Elle occupe les régions du Sud-Cameroun, de la Guinée équatoriale, du Nord du Gabon, jusqu'à l'Ogooué, du nord du Congo et une petite partie de la Centrafrique.

épouses initient la joute oratoire. Elle est ensuite reprise par la responsable des « petites épouses » qui doit leur répondre dans le même style, avec des proverbes et en dansant. Le rite paraît dans sa double fonction d'exutoire et de libération verbale.

Les « Chants funéraires moose et fonctionnalités » sont au cœur de la réflexion d'Alice Degorce. Si, elle circonscrit tout d'abord les chants et les rites au cours des veillées funéraires, elle classe ensuite les textes de ces chants. Elle en retient ainsi trois catégories : les chants pour le défunt, ceux des morts et enfin ceux pour les vivants. La fonction de chaque mélodie se dessine suivant les circonstances. Celles-ci sont tantôt des exutoires, tantôt des dialogues avec les vivants et les morts, tantôt enfin la transmission des valeurs culturelles et des identités.

Les chants d'initiation dans le rituel du *cisungu* en Zambie analysés par Anne-Marie Dauphin-Tinturier se situent dans la droite ligne des études que mène l'auteur sur le groupe bemba depuis quelques décennies déjà. Il s'agit de l'initiation des jeunes filles, accompagnant les étapes de la vie. Ce rite de passage a évolué avec le temps.

Le passage des genres oraux, dans le rituel traditionnel, à l'analyse thématique dans ces mêmes textes, n'est pas d'une articulation aisée. Il s'agit en effet de passer de l'anthropologie à la littérature. Mais, ce qui importe ici reste avant tout cette continuité que les chercheurs établissent d'une discipline à l'autre. Ainsi, Alice-Delphine Tang explore la thématique de « La femme dans *Les contes de Birago Diop* ». On le sait et on le dit, le conte reste le reflet de la vie des hommes et des femmes. Il pose les problèmes que l'auteur de l'article recense ici : la dot, la langue de la femme, le statut de la vieille femme, la description de la mauvaise épouse. Il ne manque pas d'évoquer le caractère positif de l'épouse généreuse.

C'est d'ailleurs dans cette continuité que Marie-Rose Abomo-Maurin présente une figure héroïque de la résistance aux immortels Ékañ, dans *Moneblum ou l'Homme bleu*, une épopée du Cameroun. Il ne s'agit pas simplement de dresser le portrait du personnage éponyme et de montrer ses attributs, il est également question de l'authentification de ses faiblesses devant un peuple très puissant. Charles Belinga b'Eno situait le cycle Ékañ dans la logique de guerre et de paix, c'est dans cette même dialectique que construit le récit *Moneblum ou l'Homme bleu*.

La troisième partie, « Oral, écrit, réécritures et médias », s'ancre dans une perspective plus moderne de la littérature orale, de son utilité et de son exploitation dans la société actuelle. Marie-Rose Abomo-Maurin analyse, dans « Oralité africaine dans *Nnanga Kon*, roman en langue boulou de Jean-Louis Njemba Medou », le système d'insertion des genres oraux dans un texte écrit en langue africaine, ainsi que leur fonctionnement. Une performance exceptionnelle de Njemba Medou dans un autre exploit, celui d'un récit initial écrit dans une société dite sans écriture. Les proverbes, les devinettes et le langage tambouriné donnent au texte une valeur de ciment culturel.

Françoise Ugochukwu fonde sa réflexion sur le roman « *L'oiseau fétiche* ou le rôle du conte chez Goyemide », un écrivain centrafricain. L'étude se situe au carrefour de l'oral et de l'écrit, en même temps qu'elle met en exergue l'aspect didactique du genre. A partir de schémas, l'auteur de l'article confirme la portée didactique du conte, mais fait également percevoir la complexité et la multitude de sens que véhicule le genre.

L'analyse de Véronique Cornius, « Sous l'égide de Perrault et La Fontaine : le cycle de Leuk revu et corrigé par Senghor et Sadji », s'inscrit dans la logique de la réécriture d'un récit déjà connu. La filiation que l'auteur de ce texte établit entre La Fontaine, Perrault et Senghor, Sadji peut paraître surprenante si l'on oublie que les valeurs humaines sont universelles. Véronique Cornius ouvre son travail par ce qu'elle nomme « Un hommage ambigu à la littérature orale africaine », avant de reprendre ces propos de La Fontaine : « Je me sers d'Animaux pour instruire les Hommes ». C'est alors que son travail aboutit à « une nouvelle Querelle des Anciens et des Modernes » propre au XXème siècle.

Le texte de Léontine Gueyes-Troh, « L'oralité dans l'œuvre de Venance Konan : de l'épique à l'anti-épique », met à l'épreuve l'épopée dans le roman moderne. Disons plutôt que l'article met en évidence les relations que l'écriture romanesque entretient avec l'épopée. Celle-ci naît de l'évocation du passé. Le roman de Venance Konan, autant que son recueil de nouvelles, campe son action dans l'univers ivoirien chaotique actuel. La figure d'Houphouët, le héros bâtisseur et rassembleur, émerge avec force et s'inscrit dans la continuité narrative. Loin de l'héroïsme d'antan, la nouvelle société se définit dans la négation du destin collectif. Le parcours de la nouvelle Côte d'Ivoire s'englue dans de nombreuses absences que met en évidence Léontine Gueyes-Troh.

Qu'il s'agisse de l'approche de la littérature orale par rapport à un groupe social donné ou d'une tentative d'en faire le creuset de la fondation d'une nation, ce qui passionne le chercheur en littérature, ce sont certes ces discours qui constituent la littérature traditionnelle. Mais quel impact de nos jours ? C'est la question à laquelle il faudra répondre à moyen terme.

Que ce travail si varié, si riche, puisse combler ceux qui s'intéressent aux genres oraux et leur apporter des informations nécessaires à leurs recherches.

M.-R. Abomo-Maurin

Première partie :
genres oraux : textes et statut

Chapitre 1 : Aperçu sur la littérature orale *moaaga*

Alain Joseph Sissao[2]

L'étude des littératures orales africaines est une œuvre qui est importante quand on sait que ces littératures découlent d'une société d'oralité. La fixation des catégories de genres permet de comprendre les fondements de cette littérature. Nous tenterons de cerner les différents genres de la littérature orale burkinabè. Nous savons qu'au Burkina, il existe selon les linguistes plus d'une soixantaine de langues. Chaque langue est liée à une culture verbale qui possède un fonds culturel très riche qui constitue le vecteur de la transmission des savoirs de la société. Nous avons presque dans toutes les ethnies du Burkina des genres oraux narratifs et non narratifs notamment : les contes et les proverbes pour ne citer que ceux-là.

Nous n'avons pas la prétention dans le cadre cet article de faire le point de la littérature orale de toutes les ethnies du Burkina : cette expérience relèverait d'un travail prétentieux et généraliste. Nous nous bornerons à examiner le cas spécifique de la littérature orale des *Moose* que nous connaissons bien, en raison de notre ancrage linguistique et culturel dans cette ethnie et de la disponibilité des matériaux documentaires approfondis dans cette culture.

1 - Typologie et taxinomie des genres oraux moose

Dans nos travaux sur la littérature orale des moose, il faut dire que nous sommes partis du constat que cette littérature orale possédait des genres oraux spécifiques à elle et différents des autres cultures. Ce qui nous a amené

---

[2] Chargé de recherche INSS/CNRST 03 BP 7047 Ouagadougou 03 Burkina Faso (alainsis@gmail.com)

à engager des recherches documentaires et de terrain fouillées sur cette littérature.

Plusieurs chercheurs se sont déjà posé la question de l'identification des formes traditionnelles. Pour notre part, nous nous basons sur le fait que ces codes culturels et linguistiques doivent être préalablement perçus comme venant de la tradition orale moosé (O. Kaboré, 1985 : 428 ; D. Bonnet, 1982 ; L. Naré: 1981).

Les Moose ont développé une culture verbale très riche. Nous pouvons constater que celle-ci est basée sur une typologie de genres oraux qui constituent l'ossature de la tradition. C'est ainsi que nous distinguons d'une part des énoncés longs basés sur des discours très élaborés notamment le conte long, la nouvelle. D'autre part des énoncés courts qui développent des connaissances sur la culture *moaaga* notamment le conte court ou devinette, le proverbe, et la devise ou nom de guerre. Voyons maintenant la taxinomie de ces énoncés selon les Moose mêmes.

- Les formes non narratives

Le *yelbûndi* ou proverbe

Quelle définition peut-on donner du proverbe ou *yelbûndi* **?**

Selon Doris Bonnet, les premières recherches parémiologies ont principalement consisté à définir le proverbe et à en rechercher son origine ou plus précisément son auteur. Ainsi, elle pense que « l'âme populaire » longtemps évoquée depuis Aristote et Rousseau a été révoquée par Seiler (1922) qui individualise l'origine du proverbe et elle poursuit plus loin : « il faut nécessairement que tout proverbe ait d'abord été énoncé un jour quelque part ». A ce propos, Doris Bonnet observe que l'analyse de cette dialectique sur l'origine est décrite par Jolles A. (1972) dans les formes simples, et considérée à juste titre, comme non pertinente. Ce qui lui permet de noter que le *moaaga* réfère parfois le proverbe qu'il énonce à son auteur lorsqu'il s'agit d'un ancien *zabyvvré* (nom de guerre) mais la tradition, par l'entremise des ancêtres, intègre les symboles proverbiaux à son idéologie. Dans ce sens, pour l'auteur, c'est l'idéologie de la société en quelque sorte.

La définition du proverbe de Jolles dans les formes simples - note Bonnet - est envisagée à travers une « disposition mentale » qui consiste à isoler une expérience que la locution proverbiale individualise dans une situation. A ce sujet Jolles précise que cette locution doit avoir un caractère apodictique.

Par ailleurs, certains auteurs ont défini le proverbe en l'opposant à d'autres formes de parole qui lui sont proches- note Doris Bonnet. C'est le cas de Greimas (1970) qui définit le proverbe en le différenciant du dicton, le premier étant connoté et le second ne l'étant pas. Dominique Zahan (1963), par ailleurs, distingue le proverbe de la maxime en se référant à l'emploi de deux termes bambara pour désigner deux formes de la parole assez similaire. Néanmoins, cette distinction s'appuie plus sur une autre interprétation du chercheur que sur une étude des champs sémantiques recouverts par les termes désignés.

En dernière analyse, Jean Cauvin (1977) préfère retenir la distinction entre ce-qui-est-proverbe et ce-qui-n'est-pas-proverbe. Cette attitude - note Bonnet - paraît plus prudente car elle permet d'éviter l'assimilation rapide de formes africaines à des formes occidentales.

L'étude de Jean Cauvin sur les proverbes *minyanka* du Mali (sénoufo du Nord) est celle qui a retenu son plus grand intérêt quant à sa démarche et sa fidélité à la langue *minyanka* (D. Bonnet : 30). Pour notre part, elle retient aussi notre attention et nous nous en inspirerons. Malgré le fait que les circonstances de collecte, de façon évidente, ne soient pas les mêmes. La typologie des proverbes de Jean Cauvin met en évidence des types de raisonnements établis à partir des structures symboliques des images proverbiales parallèlement aux structures syntaxiques de l'énoncé proverbial. D'autre part, cette typologie a l'intérêt de considérer la situation d'emploi du proverbe et la polysémie du symbole en fonction de ses différentes situations d'emploi. Nous rejoignons Doris Bonnet dans sa persistance à penser que Jean Cauvin privilégie le fonctionnement interne du proverbe en situation et non plus son sens ni contenu. Aussi aboutit-elle à ces interrogations pertinentes identiques à celles de Jean Cauvin :

> La question qu'on se pose [...] n'est plus : « que signifie ce proverbe ? » Mais elle devient : « comment signifie ce proverbe ? » Quels sont les mécanismes d'un mécanisme par proverbe ?

En effet, la classification des proverbes de Cauvin permet de dégager différents types de raisonnement mis en place par la pensée imageante, différents éléments sur lesquels se fonde cette pensée imageante et « comment ces différents éléments fonctionnent et articulent entre eux ». Mais constituer un corpus, c'est privilégier une lecture pour l'exploiter à des fins précises. Et la finalité de Jean Cauvin est « la description du contenu de la vision du monde », en pays *minyanka*, la description de l'ordre social tel qu'il est et, « tel qu'on voudrait qu'il soit », « le portrait-robot de l'idéal que la société propose à l'individu ». Néanmoins, une démarche n'en exclut pas une autre.

Alors que Jean Cauvin semble s'orienter vers une « exécution de la langue par l'appréhension de la structure mentale imageante », le travail de Doris Bonnet tend à se diriger vers une exécution de la parole, vers une étude des modes de production de la parole proverbiale dans sa pratique socio-territoriale. A ce titre, elle se pose la question de savoir ce que représente le discours proverbial ce qu'il réalise entre les différents actants de la société *moaaga*, qu'exerce-t-il comme pouvoir, que met-il en jeu, que déplace-t-il comme énergie, que manifeste-t-il par le renouvellement de son retour, que dit-il, qui feinte-t-il, quelles sont ses limites? Ces questions constituent l'architecture de la problématique de Bonnet. De son point de vue, l'étude du champ sémantique du terme *yelbûndi* (" proverbe ") et des autres formes de paroles que l'on emploie parfois pour évoquer ou désigner le proverbe en pays *moaaga* lui permet de constater que :

> Le proverbe est désigné parfois comme la « parole » (*gomdè)* ou comme « récit » (*solemdé*) ou encore comme parole proverbiale (*gombûndi*). Elle note que l'inverse ne se rencontre jamais (p. 31).

Au regard de la définition de Doris Bonnet, l'étude du champ sémantique de ces trois termes recouvre des notions contenues dans *yelbûndi :* le proverbe peut avoir été une parole proverbiale, il est une parole, et il est la condensation d'un récit, mais n'importe quelle parole n'est pas un proverbe, la parole proverbiale citée par un membre de la société n'est pas forcément reprise par la tradition sous forme et enfin un récit n'est pas un proverbe. Ainsi le *Gomdè*, le *Gombûndi* et le *solemdé* peuvent apparaître comme des proverbes selon le contexte de l'énoncé. Partant de ce constat, l'auteur opte pour la nécessité d'établir une taxinomie locale propre aux *Moosé*, à partir des champs sémantiques des termes de la langue étudiée et précisée grâce aux informations données par les locuteurs.

Quant à Laurent Naré, il définit le proverbe, ou *yelbûndi,* à partir de sa structure morphosyntaxique et sémantique. Le proverbe en mooré se dit *yelbûndi* (pl. *yelbûna*), ou encore *siilga* (pl. *siilse*). Le mot yelbûndi est composé du mot *yelle,* chose, et du mot *bûndi*, qui veut dire courbe, pli, inflexion, en parlant par exemple d'un serpent, d'une corde, d'une ligne. Le mot *bûndi,* en effet, veut dire recourber. Une telle courbe ou courbure produit comme une doublure provisoire de ce qui encore peut s'étendre sur toute sa longueur (Naré : 1981 : 113). La deuxième partie du mot yelbûndi suggère que le proverbe en mooré s'entend comme une expression à double sens, une parole ambivalente (Ne décèle-t-on pas cet aspect d'ambivalence dans le mot proverbe lui-même ?). Le préfixe pro signifiant normalement « à la place de », le mot pro-verbe (pro-verbium) traduirait où l'on dit une chose pour faire comprendre autre chose.

Cela tient au fait que le proverbe recourt souvent à une image, ou en tout cas reste très générique. Le proverbe, imagé ou non, demande une interprétation, ou une application ultérieure. A la limite le proverbe cache une énigme (c'est ainsi d'ailleurs qu'on le désigne parfois), que seulement des gens avertis peuvent découvrir : *A mi tiir wvm sãnkãnde* (Celui qui est prévenu comprend le langage convenu : Naré : 1981 : 216)

C'est pourquoi après un discours assorti de proverbes et pas nécessairement lumineux pour tous, on dira volontiers :

« A zagl goma ne pagdo » : « Un tel a parlé avec des coques, ses « paroles » ont besoin, autrement dit, d'être ultérieurement décortiquées.

Au lieu du mot *yelbûndi*, on peut aussi entendre *yel-solemde*, ou simplement *solemde*, dans le sens de la chose cachée, énigme. Cependant l'usage a retenu le mot *solemde* dans le sens de fable, conte-parabole. Ainsi c'est le mot *yelbûndi* qui désigne couramment et sans équivoque le proverbe, la sentence proverbiale. Un équivalent au mot *yelbûndi* est le mot *sïilga* qui peut se traduire par allusion à, ou viser par allusion. Le mot *sïilga* pour dire proverbe est semble-t-il koupélien habitants de Koupéla).

Les définitions de Bonnet et de Naré se rejoignent dans la rigueur de décrire le *yelbûndi* dans ses variantes car il y a plusieurs champs sémantiques qui peuvent déterminer le proverbe ou *yelbûndi.*

Par ailleurs, il faut noter que le pays *moaaga* se trouve en pleine région de savane, typique du domaine « soudanien », avec des conditions de plus en plus « sahélienne » à mesure que l'on va vers le nord. Le pays *moaaga* est compris dans la zone de savane et tend à participer à la steppe sahélienne.

> A ce titre, il va exister une correspondance sémantique entre la réalité géographique physique du Moogo et son reflet dans les proverbes. Pour cela il convient toutefois de remarquer l'importance, pour la compréhension des proverbes mosse, d'une information précise sur la flore et la faune du pays (Naré : 23).

Ce point de vue est renforcé par Houis qui écrit :

> Le rythme humain est une étincelle de l'harmonie cosmique. L'homme soumis au désordre de par sa condition, est engagé dans le mouvement cosmique qui doit l'amener à dépasser sa condition pour revivre l'harmonie qui continue de lui être suggérée par le rythme de la nature, par tous les messages de la flore et de la faune, des ascendants ancestraux et mythiques, à travers les proverbes, les formules rituelles et les textes introducteurs à la connaissance profonde (Houis : 1971 : 64).

A ce propos, la sagesse des proverbes, est d'abord un regard sur la nature ou sur le monde, une observation fine des êtres qui s'y meuvent. Ce regard permet non seulement à l'homme de comprendre la nature, mais de se comprendre lui-même à travers elle.

Cette correspondance sémantique amène Naré à se poser la question pertinente suivante : « Sans doute peut-on dire que la nature, déjà, porte un message sur l'homme et pour l'homme, que l'homme s'efforce de découvrir » (Naré : 22).

L'homme, à son tour - note Naré - utilisant les réalités de la nature, s'exprime lui-même et les charges de messages pour ses semblables. Ainsi, les arbres et les arbustes, les plantes cultivées comme toute la végétation spontanée de la savane, les animaux domestiques ou sauvages, toutes les bêtes et les bestiaux, les montagnes, les rivières, les phénomènes atmosphériques, tout parle à l'homme - et plus que de l'homme -, de Dieu tout parle à l'homme, dans le but finalement de lui enseigner le secret d'un comportement humain, d'un comportement plus juste. Chaque être, à partir de ses propriétés les plus caractéristiques, de son comportement le plus typique, est susceptible d'adresser à l'homme un message, message partiellement caché qu'il lui reviendra de déchiffrer à partir de sa propre expérience, pour encore éclairer cette même expérience et l'enrichir.

Pour notre part, nous essayerons de voir comment les romanciers héritiers de cette culture *moaaga* et vivant dans ce milieu physique sahélien rendront compte de cette même réalité dans un contexte tout à fait moderne.

Au regard de toutes ces définitions ciblées et complémentaires du proverbe, notons que pour résumer que le terme *yelbûna*, pluriel de *yelbûndi* est un syntagme nominal composé de *yel*, radical de *yel*, et de *bûndi* qui signifient respectivement histoire, quelque chose et la notion de ce qui est couvert, voilé, tordu. Ils correspondent dans la langue française aux proverbes, aphorismes, adages et dictons. Ce sont des formules concises et condensées ayant pour base des constatations de la vie courante avec toujours un contenu normatif : enseignement moral, règle de comportement social et même des principes de vie spirituelle. Il est discret, possède de la sonorité ; base de la culture des Moosé et sa maîtrise est le critère d'une bonne éducation. Il faut ajouter que les *yelbûndi* sont des textes poétiques car ils sont choisis à cause de leurs sonorités et surtout des images qu'ils évoquent.

Leur rapport avec les contes longs (*solem wogdo*) c'est de participer aux commentaires dans les veillées et de servir d'illustration synthétique au conte en reliant certains aspects à la vie ordinaire. Un exemple de *yelbündi suur suur n pit korgo* : « c'est en mettant une sauterelle après l'autre que l'on finit par remplir la besace ». En d'autres termes « petit à petit l'oiseau fait son nid ». Compte tenu du fait que le *yelbûndi* recouvre un champ vaste en français : proverbes aphorismes, dictons, nous respecterons cette acception *moaaga* pour les proverbes quand bien même nous savons que la taxinomie occidentale française introduit une différence fondamentale entre ces genres. Ceci répondra à notre souci de montrer l'idée de cohérence de la taxinomie *moaaga*.

Après cette définition du *yelbûndi*, examinons les contours sémantiques du zabyʋʋre.

- Le *zabyʋʋre* ou nom de guerre

Zab-yʋʋre est un syntagme nominal composé de *zab* radical de *zabre* qui signifie guerre, querelle, dispute, bataille et de *yœœre*, le nom individuel.

Le *zabyœœre* est un autre genre littéraire qui est présent chez les Moosé. Il signifie « nom de guerre » ou « nom devise » en français parce que dans le passé déclamé par le griot en temps de guerre pour galvaniser le courage et la bravoure des combattants et décupler ses forces. Il énonce de façon concise comme une sentence ou une maxime, un programme de vie, une conduite morale à observer en toute circonstance et plus précisément dans les moments de dure épreuve que traverse l'individu. De même, il exprime parfois une vérité dont la rigueur implacable et déconcertante doit dissuader tout ennemi (avertissement, menace), d'où son aspect combatif. Chez les Moosé, les *zabyœœre* sont très en honneur, mais on ne retient généralement que ceux des nobles, des hommes célèbres ou riches et particulièrement des chefs.

Selon Yamba Tiendrebéogo, le lagl Naba, c'est un empereur mooaga qui imposa les *zabyœœya*. Cet empereur fut Naba Warga (1666-1681, soit 15 ans de règne) 19ème souverain des Moose.

Il faut ajouter que Naba warga était le fils aîné de Naba Oubri (1633-1659, soit 26 ans de règne). Sa mère se nommait Tenkieta. (Y. Tiendrebeogo : 1964 : 25). Le souverain Naba Warga réorganisa toute la chefferie. Selon toujours Y. Tiendrebeogo, c'est lui qui obligea tous les chefs (Mogho) y compris à prendre trois devises et un nouveau nom (*zab-yʋʋya,* pl. de *zab-yʋʋre*) tiré de l'une des devises en accédant au pouvoir. La première devise doit être normalement un remerciement adressé à ceux qui ont permis l'accession à la chefferie. La seconde doit indiquer le programme d'action un nouveau chef et constitue souvent dans la pratique, un discret avertissement pour ses adversaires. La troisième devise doit illustrer le caractère ou l'un des traits de caractère du nouvel élu. Le futur chef sait que sa désignation est imminente lorsque des envoyés du collège électoral viennent, pendant la nuit.

Les devises de Naba Warga furent :

1. *Pĩĩg tðt warga wardeb na sãm b wãgse* qui signifie littéralement : « le roc n'admet pas le sarclage. Les sarcleurs y abîmeront leurs outils ». Avertissement à ses ennemis (de l'échec de leurs actions).

2. *Kʋʋm samde tõt diibo, dal f mênga* : « il ne convient pas que tu prêtes à crédit à la mort. C'est ta propre vie qu'elle remettra en paiement ». Autre avertissement à tous ceux qui songeaient à attenter contre sa vie.

3. *Wãm pu-to nêda kê laghem peba la mi do fãsda.* Cette dernière devise signifie au propre : « Quand le mauvais singe entre dans le buisson de wedgha (landolphia senegalensis) il y cueille pêle-mêle les fruits verts et les fruits murs ». Sa signification morale est qu'il ne sert à rien de satisfaire les méchants : ils abusent toujours des faveurs qui leurs sont accordées.

Par ailleurs, un grand nombre d'institutions sont liées au nom de Naba Warga c'est de lui que date la coutume quotidienne du faux départ du Mogho Naba pour La, si bien décrite par les anthropologues. Cette coutume se résume de nos jours à la simple présence d'un cheval équipé dans la cour où s'effectuent les sorties matinales de l'empereur.

Le règne de Naba Warga fut aussi une période de fixation des coutumes judiciaires. On fait remonter à cette époque nombre d'adages juridiques (Y. Tiendrebeogo : 31). Comme celui-ci:

Zemba sã wêng guugu, naab n so (« Lorsque le litige entre particuliers est tel qu'il risque de provoquer l'échange de coup de massue, l'objet en revient au chef »).

Comme le notent si bien Robert Pageard et Yamba Tiendrebeogo, les conteurs moosé ont conservé de Naba Warga le souvenir d'un prince ami des intellectuels. Il aimait entendre dire les fables et les proverbes qui se généralisent à son époque.

Les principaux descendants de Naba Warga sont les chefs de Kombissiri, de Kaboudo (cercle de Zorgho) de Ramongo (cercle de Koudougou) et de guipo (cercle de Téma). Il semble que Naba Warga ait beaucoup résidé à La Todin où le retenait sa « rumde », c'est-à-dire sa favorite. Il aurait eu à y combattre le Yako Naba, excédé par les exigences de cette femme, et aurait perdu dans cette guerre l'un de ses frères zibasgho.

La différence essentielle entre le *zabyvvre* et le nom individuel réside dans le fait que le nom de guerre s'applique précisément à un individu et se comporte comme un nom individuel. En outre, il se caractérise par sa forme proverbiale et résulte du choix de l'individu alors que le nom individuel est donné à la naissance par un membre de la famille sans le gré de l'individu. Le rapport dynamique qui lie le nom de guerre *zabyvvré* et le proverbe *yelbûndi* fonctionne de façon à ce que l'on puisse prendre la signification de l'autre vice versa à la faveur du contexte.

Le *zabyvvre* apparaît souvent dans certains chants pour exalter la valeur d'un chef. Par exemple *ãbga* le nom de guerre du Lagl Naaba qui symbolise la panthère est exprimé dans l'énoncé suivant : « *ãbga yera a gãnga, tì pidga baoda zerma* » (« La panthère a mis son boubou rayé et qui veut le lui ôter sera mise en pièces »).

La coutume a étendu la pratique et finalement tout *Moaaga* a la faculté de prononcer publiquement les siennes toutefois après le *kvvre* (grandes funérailles) de son père.

Comme nous étudions le rôle du griot ou *yœœmba* dans la tradition moaaga, il ressort toute une symbolique liée à l'étude des *yãmba* ou griot.

Les *yuumba* sont généralement chargés de proclamer ces *zabyʋʋya* que ce soit ceux des chefs ou des individus ou encore des leurs. Les *zabyʋʋya* ont des formulations multiples et une allure sentencieuse à la manière de proverbes ou *yelbûndi*. En tant que fidèle allié du chef ou Naaba, il ressort que les *zabyʋʋya* des Naab'yuumba comportent la mention d'un rapport à autrui, en l'occurrence le Naaba en faisant d'une subordination d'ordre hiérarchique ou d'une forme de dépendance. Dans ce sens, les personnes faibles manifestent leur « impotence vitale », réclament protection et aide matérielle, souhaitent établir des rapports de confiance et empreints de familiarité avec les plus forts dont ils sollicitent la générosité (Arorena : 320).

C'est ainsi que les devises des chefs des musiciens renvoient à divers niveaux de signification psychologique et sociale, en élaborant des couples de termes contrastés. Parmi ces couples, retenons les oppositions binaires suivantes relevées à partir de corpus des devises d'Arozarena : faible/fort, vieux/jeune, petit/grand, peu élevé/élevé, destinataire/donateur.

Il y a aussi une deuxième série de devises qui présentent des traits positifs de Naab'yuumba, personnes protégées par Dieu, susceptibles de menacer le Naaba invincible, avec l'opiniâtreté de la troupe du Ben'Naaba.

Voici à titre d'exemple les traits combinés qui révèlent de la psychologie du Ben'Naaba (chef tambourinaire) :

- rapport inférieur/supérieur
- demande de protection, dépendance
- avertissement à d'éventuels adversaires

- programme du chef des musiciens

- trait de caractère (Arozarena, p. 320).

A la suite du zabyuure, il faut ajouter le solem kueega qui apparaît comme un genre non narratif.

- Le *solem kvvga* (pl. *solem kvvse*) ou devinettes

Solem kvvse est un syntagme qualificatif composé de *solem*, radical de *solemde* (pl. *soalma*), et de *kvvse* (pl. de *kvvga*). *Solemde* est un constituant nominal formé d'un radical *solem* et d'un suffixe de classe de au singulier (a au pluriel). Il correspond au conte, dans sa conception française. Selon une étude de Prosper Kompaoré il apparaît que le conte court est, dans son principe, un ensemble de deux vers énoncés par deux locuteurs (Kompaoré : 1977 : 178). Le premier vers pose une énigme de contes courts. Le second énoncé apporte la solution de l'énigme. Il existe deux formes de devinettes qui utilisent la même technique question-réponse.

Exemple : première forme.

- question : *m ãdg liuu* : mon étoile qui apparaît ?

- réponse : *nifeowo gãăd sìì* : espèce de borgne, couche-toi tranquillement.

Deuxième forme :

- question : *boên be n sêgn fuug n ta raagê n sêk n bas zaala ?*

/quoi/exister/porter/pagne/arriver/marché/déshabiller /et/laisser/nu/.

« qu'est-ce qui existe, qui porte un pagne et se dénude une fois arrivé au marché ? »

- réponse : *gãoré :* le beignet (dont on enlève l'enveloppe de feuilles avant de le vendre).

Nous pouvons noter que la première forme joue sur les tons[3] du dernier terme qui clôt la question et la réponse. Selon Oger Kaboré on peut parler de rimes tonales. Par exemple, si le ton du dernier vers de la question est haut, il en sera de même pour le dernier vers de la réponse. C'est la forme qui privilégie le burlesque, les insultes eschatologiques et obscènes, mais qui s'intéresse aux aphorismes, à l'éloge, à la bénédiction et aux jeux de mots simples. La deuxième forme quant à elle s'attache aux rapprochements symboliques ou analogiques entre deux éléments apparemment contradictoires ou incompatibles. On rencontre les thèmes de la providence, de la générosité, de l'amitié, des problèmes familiaux, du respect des anciens et des leçons d'humanisme, de la sagesse.

- Les formes narratives

- Le *solem wokko* (pl. *wogdo*) ou contes longs

Solem wogdo est un syntagme qualificatif de même type que *solem kʋʋse. Solem wogdo* signifie littéralement « contes longs ». Les *solem wogdo* sont des récits romanesques, des légendes cosmogoniques, éthiques et sociales, des fables, des chantefables. Ce sont des récits imaginaires dont le but est de distraire. Généralement, les personnages mis en scène sont des animaux : *M'ba soamba,* le lièvre, *M'ba katre,* l'hyène, *M'ba kuri,* la tortue, *M'ba kaoongo,* la pintade, *M'ba Bonyêêga* ou *M'ba wéoog Naba,* le lion, *M'ba wobgo*, l'éléphant.... *M'ba soamba*, le lièvre joue généralement des mauvais rôles. Il se plaît à ridiculiser *M'ba katre*, l'hyène.

Les *solem wogdo* déclenchent le rire cathartique. En outre, ils véhiculent des enseignements vitaux, comportent une morale, enseigne une philosophie et propose la vision

[3] Tons qui ne peuvent apparaître ici car nous sommes dans l'impossibilité de les reproduire à partir de notre matériel.

du monde de la société des Moosé. La fonction didactique de ce genre narratif est aussi avéré.

Les fonctions culturelles du conte sont importantes, le genre permet à la société moaaga de perpétuer ses traditions. Ainsi, la formule d'ouverture *ed tão soalma* veut dire littéralement « décocher » un conte. Elle renvoie à l'image d'une entreprise de combat à travers le radical *tã* de *tãppo* qui désigne l'arme de guerre (lances).

Il faut dire que le *solem wokko* n'est pas le seul genre narratif, nous avons aussi le *Kibare* ou nouvelle.

- Le *kibare* (pl. *kibeya*) ou nouvelles

Le *kibare* qui est un mot d'origine arabe désigne le « récit grave », par opposition aux fables. Il s'agit d'une forme de conte très énigmatique, qui pose des questions importantes, suscitant la réflexion, l'analyse et la méditation pour en tirer des leçons de sagesse. C'est le type de récit que les adultes, et particulièrement les vieux, affectionnent. Le *kibare* est aux adultes ce que le *solem kvvga* (sg) est aux enfants. Le *kibare* est raffiné et empreint d'un certain réalisme qui le rapproche de la réalité sociale. Il développe une haute philosophie de l'existence humaine. Le *kibare* se présente sous deux pôles: la fiction et la réalité.

Les *kibeya* connaissent deux types de condition de production : les conditions spontanées et les conditions contingentes. Le *kibare* peut être proféré de jour comme de nuit, pendant une veillée. Les contes du lagl Naba appartiennent à ce genre (Tiendrebeogo : 1963). Pierre Arozarena précise dans l'avant-propos de l'ouvrage de Robert Pageard :

> Enfin, il convient de signaler que le genre de prédilection du larhallé Naba est le conte grave. Bien souvent, il s'attache à

montrer telle signification ou telle vérité morale contenue dans le récit (Tiendrebeogo : 1963 : 11).

Il existe une très grande proximité entre les genres oraux moosé comme nous le voyons dans la littérature orale africaine en général. Ainsi les genres s'interpénètrent ; il n' y a pas de frontières délimitées entre les genres. C'est le cas du *yelbûndi* ou proverbe et le *solemde* ou conte. A ce titre, Arozarena note :

> La réversibilité (expression de R. Colin) du proverbe *yelbûndi* et du conte *solemde* respectivement forme et structure complexe d'un même message, se rencontre ici comme ailleurs. Souvent le proverbe ne peut parfaitement se concevoir que par la connaissance du conte tandis que ce dernier se trouve en quelque sorte condensé dans la formulation lapidaire et énigmatique du *yelle-bûndi* (Arozarena : 54).

La maîtrise des genres oraux moosé nécessite une vaste culture. Elle exige également une qualité exceptionnelle de la langue, ainsi que le souci de plaire au public. Il convient d'ajouter que le *Yiilè* est un genre narratif qui côtoie les autres genres narratifs.

- Yillè, (pl. Yillà): chant, chanson

Du point de vue étymologique, sa définition n'est pas aisée. Il désigne aussi bien la corne d'un animal que le chant. On sait que, chez les Moosé, les cornes de bœuf et de certains autres animaux sauvages sont facilement transformées en instruments musicaux à vent qui accompagnent des chants ou transmettent des messages, à l'instar des chasseurs autrefois. La force de la chanson, comme arme de défense, introduit dans un système de comparaison dans lequel la corne est pour l'animal ce que la chanson est pour l'homme (Kaboré : 1992 : 82).

Il existe aussi d'autres genres littéraires narratifs non moins importants comme le *kaseto* (témoignage) terme d'origine songhaï, et des genres non narratifs comme le *puusem* remerciements acte de grâce, souhait de bienvenue, le *kããbgo* et *pulengo* promesses souhaits bénédictions ou malédictions.

2 - Les rapports entre le verbe ou parole et le corps.

Selon Oger Kaboré :

> Pour les Moose, *neda* (au sens *vir* latin) est un élément composé d'éléments matériels palpables (le corps est appréhendé sur les plans physique et métaphysique, siège des points vitaux de l'être humain, il est en relation étroite avec les forces cosmiques dans lesquelles il baigne (1985 : 428).

Pour Badini, les Moose pensent que la parole participe de la nature ontologique de l'être, *Neda bè gomde,* disent-il. Ne pas parler, c'est ne pas être ! (1990 : 658).

Le *Gomde* produit la pensée (*Tagsego*). Le *Gomde* appartient à la catégorie de ceux qui ont la bouche (*sê tar noorè*), par opposition à ceux qui n'ont pas la bouche (*bõ-mugdu*, pl. de *b-mukku*).

Cinq organes sont à l'origine de la formation de la parole chez les Moose : le cœur (*sûûri*), la bile (*yam*), le foie (*sãore*), le cerveau (*zu-kalenk-to*) et la bouche (*noorè*).

Le cœur *sûûri* (pl. *sûya.*) est considéré comme le moteur du corps, siège de la parole, il donne l'impulsion. Ainsi, lorsqu'un homme ne parvient pas à parler, lorsqu'il est « bloqué », c'est qu'il est réfréné par son cœur. C'est le premier lieu de fixation de la parole, qui est d'abord intérieure, et ensuite propulsée vers le foie et la bile pour une mise en forme. Le cœur détermine en premier chef l'émission de la parole.

Le deuxième organe, siège de la parole, est le foie (*sãore*, pl. *sãowa*). Celui-ci apparaît comme l'organe-mère jouant un rôle capital dans la formation de la parole, car il est le fondement de la connaissance et de la sagesse. Ce n'est pas pour rien que, lors du partage de la viande, ce morceau (avec le cou) revient aux aînés, protecteurs des enfants. Le cou est le symbole du poids des responsabilités. La vésicule biliaire (ou intelligence, *Yam*), est le troisième organe qui entre dans l'élaboration de la parole.

Yam est également ce mot qui désigne l'intelligence en moore. Après avoir suivi le foie, qui contribue au choix des mots, des idées et de la construction des phrases, la parole s'achemine vers le *Yam* ou vésicule biliaire qui est la base de la réflexion.

Intervient ensuite le quatrième organe, le cerveau ou *zu-kalenk-to*. Il aide à apprécier les situations avant l'action. Siège de la raison et du contrôle de la décision, il est le lieu de décision ou le « sur-moi », parce que la censure sociale intervient pour réguler son émission.

Le dernier siège de la parole est la bouche (*noorè*). C'est le lieu où on doit discipliner la parole, l'habiller, car elle peut entraîner des conséquences funestes, ainsi que le stipule ce proverbe *moaaga* : « la parole est comme de l'eau, si elle se verse, on ne peut plus la ramasser ». D'où une grande prudence pour la bouche. La parole se matérialise à travers les poumons (*fulfuudu)*. On observe que les quatre éléments fondamentaux sont indispensables à l'émission d'une bonne parole : l'air, la terre, l'eau et le feu. L'huile est aussi indispensable pour une bonne parole, car elle imprime son impact sur l'interlocuteur. C'est ainsi du moins que les Bambara le vivent. Ceci est également vrai chez les Moose, comme le précise l'aphorisme suivant : *« goam gomna ne pagdo, s^{a} mi a wegse »* (« Les paroles se parlent avec des coques, celui qui connaît les décortique »).

Outre les sièges corporels qui abritent la germination de la parole, nous pouvons noter une nomenclature de paroles.

3 - Les catégories de la parole.

On distingue les catégories de paroles suivantes :

- *Gom lika* : les paroles trompeuses à double sens
- *Gom viuugo* : la parole inutile
- *Gom weese* : les mauvaises paroles
- *Gom yoodo* : les paroles inconvenantes

Nous pouvons aussi noter des types de paroles tels que le *sõasga* (causerie), le *kaseto* (message, témoignage mot d'origine sonrhaï).

Après un examen des sièges corporels du *Gomde*, il convient maintenant de comprendre qui sont les détenteurs de cette parole traditionnelle.

4 - Les détenteurs de la parole traditionnelle

En premier chef, nous avons le personnage-musicien, le *Bêndre,* qui désigne à la fois l'instrument et le personnage. *Bêndre* (sg. *Bênda* pl.) désigne en fait le tambour-gourde ou tambour-calebasse, instrument de musique des *Yuumba* (pl.). Ce sont les spécialistes du verbe qui détiennent le pouvoir de la parole et du savoir de l'histoire du pays, ainsi que tous les éléments ayant trait à la généalogie de la dynastie et des grandes familles aristocratiques. Les *Yuumba* jouissent du privilège d'actualiser le passé. C'est le *Bênd-Naba*, chef des tambourinaires, qui commande les joueurs de *Bênda*.

Nous avons, à côté du *Bêndre*, d'autres instruments de musique : le *Lunga* (tambour d'aisselle), le *gãgãoogo* (tambour cylindrique), le *ruudga* (vièle monocorde), le *baorgo* (trompette à corne), le *wiiga* (flûte), le *koênde* (luth à trois cordes) pour ne citer que ceux-là.

Conclusion

Ce travail avait pour but de donner un aperçu de la littérature orale burkinabè, notamment de la littérature orale moaaga. Il s'agissait de présenter les principes qui fondent les genres oraux ainsi que les éléments culturels qui bâtissent l'architecture de la culture verbale des Moose.

Il faut dire que cette abondante littérature orale est le socle de la transmission des savoirs traditionnels qui se perpétuent de génération et génération. Nous pensons que la première démarche d'un chercheur en littérature orale et en linguistique est de recenser les différents genres littéraires présents dans la culture ; ce qui permet de recueillir le corpus oral en fonction des genres et de procéder à une analyse plus méthodique. Le présent article avait pour tâche d'enrichir les catégorisations dans l'étude des littératures orales africaines.

Bibliographie

I. Ouvrage sur la culture des Moose

Bonogo, D., Bonnet, D., Ouedraogo, M., *Proverbes et contes mossi*, Paris, Edicef, 1982.

Bonnet, D., *Le proverbe chez les Mossi du Yatenga*, Haute Volta, Paris, SELAF, 1982.

Bonnet, D., *Proverbes et contes moosi*, Paris, C.I.L.F., 1982.

Conombo, J.-I., *M'ba Tinga. Traditions des Moosé dans l'empire du Moǫgo Naba*, Paris, L'harmattan, 1989.

Dim Delombsom, A.-A., *L'empire du Mogho-Naba. Coutumes des Mossi de la Haute volta.* Préface de Robert Randau, Paris, Domat-Montchréstien, 1932.

Houis, M., *Les noms individuels chez les mossi*, Dakar, IFAN, 1963.

Houis, M., *Anthropologie linguistique de l'Afrique Noire*, Paris, PUF, 1971.

Ilboudo, P., *Croyances et pratiques religieuses traditionnelles des Mossi*, in Recherches Voltaïques, C.N.R.S., Paris, C.V.R.S. Ouagadougou, 1963.

Izard, M., *Gens du pouvoir, gens de la terre. Les institutions politiques de l'ancien royaume du Yatenga (bassin de la Haute Volta Blanche),* Paris, Maison des sciences de l'homme et Cambridge University Press, 1985.

Kaboré, O., *Les oiseaux s'ébattent, Chansons enfantines au Burkina Faso,* Paris, L'Harmattan, 1993.

Kabooré, B.-Y., *Yel-bûna, Kibaya la siilse, pipi sebre,* commission nationale des langues burkinabè, sous-commission du moore, Ouagadougou INA, 1989.

Kabooré, B.-Y., *Yel-bûna, Kibaya, la siilse, commission nationale des langues burkinabè*, sous-commission du moore, Ouagadougou, INA, 1989.

Naré, L., Les *proverbes mossi : présentation générale et étude littéraire,* Rome, 1981.

Sawadogo, E., *Contes de jadis, récits de naguère*, Dakar-Abidjan-Lomé NEA, 1982.

Tiendrebeogo, Y., *Contes du Larhallé,* suivis d'un recueil de proverbes et devises du pays mossi, rédigés et présentés par Robert Pageard. Ouagadougou, 1963.

Tiendrebeogo, Y., *Histoire et coutumes royales des Mossi de Ouagadougou.* Rédaction et annotation de Robert Pageard. Imp. Presses africaines, 1964.

Tiendrebeogo, Y., *O Mogho, Terre d'Afrique ! Contes, fables et anecdotes du pays mossi*, rédigés et présentés par P. Arozarena, Ouagadougou, Presses Africaines, 1976.

II. Thèses sur la culture des Moose

Arozarena, P., Moss 'yuumba, Une société africaine ses "yuumba" et leurs instruments de musique, thèse pour le doctorat de 3ème cycle, EPHE Vème section, 1986.

Bonnet, D., Corps biologique, corps social. Les Mossi de Haute volta, Thèse 3ème cycle, E.H.E.S.S. Paris, 1982.

Canu, G., Contes mossi actuels. Etude ethno-linguistique, Thèse de doctorat, Dakar, 1966.

Damiba, F.-X., Essayer la folie pour voir, Risque et prudence des Moosé, Thèse de doctorat, Paris V Descartes, 1993.

Ouédraogo, A., Poétique des chants de funérailles de chefs en pays moaaga, Thèse de doctorat, Limoges, 1986.

Pasquier, A., Initiations au Môogo et contes de l'orphelin, Thèse de doctorat de 3ème cycle de sociologie, E.H.E.S.S., Paris, 1976.

Kaboré, O., Niuli Zâmzâm. Essai d'étude ethnolinguistique des chansons enfantines moose de Koupéla, Burkina Faso (ex Haute Volta), Thèse de doctorat de 3ème cycle, Paris III, Sorbonne nouvelle, 1985.

Kompaoré, P., Les formes de théâtralisation dans les traditions de la Haute Volta, Thèse de 3ème cycle, Université de Paris III, 1977.

Badini, A., Système éducatif traditionnel Moaga (Burkina Faso) et action éducative scolaire (Essai d'une pédagogie de l'oralité), Thèse d'Etat, Lille III, 1990.

III. Articles sur la culture des Moose

Izard, M., « Remarque sur le vocabulaire politique mossi », *in L'homme, 13, 1-3),* Janvier-Juin, Paris 1973, p. 193-206.

Kaboré, O., « Les contes du Larhallé Naba : une œuvre d'édification Spirituelle », *in Renouveau du conte*, CNRS, Paris, 1991, pp. 335-347.

Ouédraogo Dim-Delombsom, « Maximes, pensées et devinettes mossi », *in L'Empire du Mogho-Naba*, Paris, éd Domat-Monchrétien, 1933.

Pasquier, A., « Interprétation symbolique d'un conte mossi » *in Cahiers d'études africaines*, XV-4, pp. 649-667.

Chapitre 2 : Disposition narrato-discusive et idéologie de la non-guerre dans le lexique du *Mvët Ékañ*

Charles Belinga b'Eno

Insinuer une relation de causalité ou d'incidence entre un genre littéraire et un concept, fut-il plus attaché à la matérialité qu'à l'intellect ne relève-t-il pas de la gageure ? Et pourtant c'est ce que prétend montrer cette étude qui postule dès l'abord, un rapport entre l'épopée et la non-guerre. Mais plus subtilement, entre l'épopée et l'idéologie. Et c'est là que la gageure prend tout son sens qui vise à montrer d'un genre, une finalité sinon universelle du moins caractéristique d'un espace culturel donné. Parce que le genre peut avoir des caractéristiques ontologiques, chaque forme exprimant des différences fondamentales, parvient-elle alors à le faire sortir du cadre générique ?

Ainsi du *Mvët Ékañ*, épopée reconnue des Boulou-Beti-Fañ, ensemble littéraire d'une force illocutoire et performative évidentes[4], qui semble indiquer, à travers sa lexis et son *status* qu'il véhicule une idéologie. Mais peut-on parler de finalité d'un genre comme d'une intention plus que de l'intention des poètes qui le créent ? Refermons toutefois là une piste qui se fausse dès lors qu'on considère que le *Mvët Ékañ* est un ensemble de textes en puissance plus que des textes existant dans une sorte d'immense bibliothèque d'où on peut les convoquer inlassablement, un inépuisable potentiel de récits.

Le Mvët n'est pas une épopée "achevée" telle que le serait par exemple l'épopée de Gilgamesh ou celles plus connues des Occidentaux. Chaque poète crée les récits qu'il délivre et qu'il n'aura jamais entendus de personne,

---

[4] Belinga b'Eno Ch. *Des rapports entre la métallurgie du fer et l'oralité.* Thèse de Doctorat, Inalco, Paris, 1996.

pas même de son Maître. Chaque poète est dépositaire d'un répertoire qu'il s'est constitué et continue de se constituer au fil des ans, en fonction de moult facteurs liés aux conditions de chacune des énonciations. Mais le *Mvët Ékañ* n'est pas une littérature « en kit » telle que la définit Jean Derive (2001), même s'il se comprend sur son modèle en ce qu'il est une création permanente d'épisodes nouveaux sur un fonds mythologique invariable.

Le problème devient alors celui de la définition de l'épopée comme genre et la vérification du modèle définitoire à une particularité pour en justifier les caractères incluants ou excluants. On pourrait ainsi se reposer une question redondante mais qui dans le contexte du *Mvët Ékañ* n'en demeure pas moins pertinente : y a-t-il ou non un lien entre le type de société et l'épopée ? Les contacts qui existent entre littérature et société et, partant, littérature et idéologie sont généralement attachés aux genres. En définitive, y a-t-il une idéologie particulière liée au *Mvët Ékañ* et qui transparaîtrait dans son lexique et/ou dans sa structure narrative et discursive ?

1 - L'épopée du *Mvët Ékañ*.

Le problème de la définition de l'épopée provient de l'ensemble des points de vue qui en président le mode, nombreux et fort complexes : esthétique de la parole, structure de récit, façon de percevoir le monde ou d'un autre côté, rapport à un ensemble d'archétypes-fossiles auxquelles les formes actuelles se rapprochent le plus. Et dès lors, on envisage les caractères à prendre en ligne de compte et qui permettent de cerner la totalité du fait épique : composante thématique, philosophique ou religieuse, longueur ou taille des textes, volume du discours. Il s'avère alors, eu égard à tout ceci, qu'il existe « un modèle sous-jacent commun à toutes les formes de chant épique »[5]. Et non moins acquis également que l'épopée, dans sa globalité, « narre un combat et dégage, parmi les protagonistes, une figure hors du commun »[6].

Mais Zumthor (1983) se pose la question de savoir si le combat narré est ou doit être nécessairement guerrier. La question trouve toute sa pertinence, mais également sa réponse, lorsqu'on entreprend la visite des diverses formes recensées et qui constituent, en majorité, le récit épique : poèmes dynastiques, panégyriques, évocations guerrières, chanson de geste, ballades héroïques, etc. Il est entendu que certaines formes comportent d'autres orientations thématiques : l'orientation érotique notamment.

Pour en finir avec la fixation des paramètres d'établissement de la nature de l'épopée, il apparaît opportun de reprendre cette opposition fonctionnelle établie en fonction de la portée des récits. En effet, les textes épiques se classent en deux catégories selon la portée que leur attribue la société dans laquelle ils ont cours : la portée mythique et la portée historique. Cette considération nous apporte un élément de poids dans l'appréhension des facteurs caractérisant du genre. L'épopée tend à l'héroïque lorsqu'elle est l'exaltation du sur-moi communautaire, c'est-à-dire, lorsqu'elle véhicule durant des siècles, les marques d'un événement fondateur dont la permanence constitue le cycle. Elle tendra par contre au mythique lorsque, témoignant de la relation dynamique entre le milieu naturel et des modes de vie, elle constitue un fondement religieux qui confirme un ordre ou dénonce un cycle ordre/désordre afin de résoudre au plan de l'imaginaire des conflits lointains, voire oubliés, entre dominateurs et dominés. Mais comme le dit encore Zumthor, historique et mythique sont les termes d'une

---

[5] Zumthor, *Introduction à la poésie orale, p. 57.*
[6] *Ibid.*, p. 57.

double polarisation agissant dans le même champ discursif.

- L'argument guerrier dans le Mvët Ékañ.

Le *Mvët Ékañ* « relate les exploits et hauts faits des Ékañ »[7] inlassablement assaillis par les Seigneurs d'Okü, lesquels veulent leur voler le secret de l'Immoralité. L'argument guerrier des récits qui composent le *Mvët Ékañ* est donc déjà largement induit.

Cinq récits de Mvët « écrits » parmi d'autres, montrent la forte constante des actions guerrières dans le fil narratif des récits épiques.

Dans *Un Mvêt de Zwé Nguema* par P. de Wolf (1972), Zong Midzi, Seigneur d'Okü promet de tuer Angone Endong, Chef de la sécurité militaire d'Engong-Zok-Mebegue-Me-Mba, le Royaume des Ékañ, quel que soit le lieu où il le rencontrera, car le souffle de celui-là gêne sa respiration.

Dans *Moneblum de Daniel Ossomo* par Eno Belinga (1976), Efen-Ndoñ, le Chef de la tribu des Hommes-Bleus, Seigneur Okü, engage une guerre sans merci contre les géants Ékañ, non seulement pour récupérer sa femme enlevée par Meki-Mengomo-Ondo, exilé par son père et détenu comme prisonnier chez les Hommes Bleus, mais pour l'éternelle rivalité qui opposent les Seigneurs Okü aux Ékañ.

Dans *Le Mvett I* de Tsira Ndong Ndoutoume, Oveng Mdoumou Obame, fabriqué par les sorciers d'Okü est en même temps homme et fer. Il prétend éliminer le fer de la surface de la terre qui, selon lui, est la cause de tous les maux. C'est donc à la Race de fer, les Ékañ, qu'il s'en prend.

---

[7] Eno Belinga, *Moneblum, l'Homme-Bleu.* Yaoundé, Ceper, 1978.

Dans *Le Mvett II* de Tsira Ndong Ndoutoume, Asseng Mbane Ona est un jumeau. Mais son jumeau est un double anneau de cuivre qui le rend invulnérable. Les limites de la tolérance des seigneurs Ékañ sont atteintes, car nul homme ne doit connaître l'immortalité. Ils commandent aux sorciers d'Okü d'arrêter la transformation de leur fils et, par un subterfuge, interrompent le processus qui visait à le rendre immortel.

Dans *Le Mvett : l'Homme, la Mort et L'Immortalité* de Tsira Ndong Ndoutoume, Obame Andome reprend le combat éternel des Okü : vouloir voler le secret de l'immortalité aux Ékañ.

- *Violence et contexte historique.*

> La poésie héroïque traditionnelle [...], chez des peuples jeunes où l'état de guerre est presque permanent, célèbre les hauts faits des guerriers et les transmet de génération en génération par la tradition orale.

Cette assertion de René Louis (1958 : 904) vient comme pour renforcer cette autre de Zwé Nguema (1972 : 11-12), grand maître initié de l'art Mvët : « le Mvët accompagnait ceux qui étaient au point d'attaque (vers le sud) du peuple fañ. » Le *Mvët Ékañ* se récite donc pendant la migration du peuple fañ-boulou-beti émaillée de conflits permanents avec les peuples sédentarisés qu'ils traversaient, à la recherche de leur habitat. En tant qu'épopée, il est donc perçu par les peuples fañ-boulou-beti comme un ensemble de textes où leur histoire ancienne leur est enseignée. Lorsqu'on considère que les Boulou-Beti-Fañ ne sont installés dans leur habitat actuel que depuis à peine un siècle et demi, on comprend que la migration récemment achevée fut soutenue par une poésie qui s'ancrait sur un réel vécu.

De plus, l'épopée ne devient épopée que par le fait que l'histoire fournit au poète « un cadre narratif malléable, important moins par les informations qu'il comporte que par l'émotion qu'il va provoquer ». L'épopée vivante prend donc effectivement sa source dans l'émotion collective du groupe humain, et demeure par conséquent, étroitement liée à celle du groupe social pour lequel elle est créée. Vittorio (1988 : 22) établit alors avec justesse la mission de l'épopée. Il dit : « L'épopée n'est pas purement et seulement un poème qui va emprunter son sujet à l'histoire, c'est un poème qui réalise la haute mission politico-culturelle réservée à l'histoire. »

2 - Lexique, discours et narration

Poème héroïque relatant des hauts faits de peuples s'établissant ou en mouvement, l'épopée est par conséquent un genre connoté par un lexique, un discours et une trame narrative où le violent, le merveilleux et le fantastique ont la part belle.

- Exigences et contraintes formelles

L'épopée comme genre se doit de répondre ou de respecter un certain nombre de canaux « d'écriture ». L'histoire ou le récit est d'abord et avant tout un récit d'aventure ou de combats grandioses où s'affrontent des personnages humains aux attributs surhumains. Eclairons-nous de la lumière du *Mvët Ékañ*.

La description physique et psychique des personnages.

Les personnages sont décrits tantôt avec un réalisme brutal, comme le montrent les portraits ci-après ;

> Angone Endong Zok Oyono, le chef des armées d'Engong, « gigantesque comme un Okoumé, gros comme un baobab,

jambes arquées, yeux rouges au regard de feu, sourire rare, Angone Endong bégaye comme un bouc. Tout son être dégage une impression presque palpable de force physique ahurissante et de puissance invincible » ;

Ntoutoume Mfoulou Mone Ebo qui « a un corps tout en muscles, doué d'une force physique prodigieuse [...] regard direct, corps harmonieux, démarche de félin, le fils de Mfoulou est surtout redouté pour son impétuosité » ;

Mebo-Meto'o fils d'Ondo dont « les jambes étaient aussi grandes que le petit doigt, et son tronc aussi long que le tronc de l'arbre qu'on appelle ajap/Kpwo ! Mebo Menene fils d'Ondo sortit de la foule /Ses oreilles allaient de la tête jusqu'aux pieds /C'est pourquoi il serrait sa ceinture au-dessus des oreilles. »

Les exemples de ce type abondent dans les différents récits. De même, les actions, les situations, les états de choses ou du monde sont décrits dans le plus strict respect du genre de l'épopée.

A l'image du réel agressif, voire subversif, de la vie en pleine forêt, les habitants ne s'encombrent pas de circonvolutions pour exprimer leur pensée. Le style narratif développe des descriptions violentes, dans la peinture des personnages, les portraits physiques et psychologiques, dans la description des sentiments. Les récits sont de type déclaratif et le point de vue des personnages est entier ou fait très peu cas de la nuance. Peinture de situations de vie extrêmes (tribunaux, requêtes, accusations, etc.), déclaration d'amour (Nkoudang vis-à-vis de Zong Midzi), motifs d'agression (la respiration de Zong Midzi est gênée par celle de Angone Zok Endong Oyono), rapports entre les personnages, même frères toujours périlleux, etc. Le style est encore assertif avec emphase et univocité des décisions, le récit des combats et affrontements : utilisation d'artifices, mise à contribution de la magie et des forces occultes qui traduit quelque chose d'inaccessible et de dangereux. On y note encore l'absence de ruse, de diplomatie, de négociations, de préalables dans tous les actes posés par les personnages.

Le parler des personnages dans un contexte nettement marqué par la dichotomie Géants mortels d'*Okü* et seigneurs immortels Ékañ imprime nettement le lexique de tout le *Mvët Ékañ*. A la disposition violente du parler des peuples du Sud correspond la réponse non moins catégorique des tentatives des Seigneurs du Nord.

3 - Lieux d'inscription de la violence

L'inscription de la violence dans le *Mvët Ékañ* apparaît de prime abord dans l'intitulé du genre. *Mvët Ékañ* ou Récit des exploits de la Race de fer, l'ensemble des textes qui composent le genre sont consacrés à un peuple de Fer. « Ékañ », dans la langue littéraire signifie *fer*, parce que synonyme de « engong » qui en fañ désigne une boîte en fer[8]. Le peuple Ékañ ou Engong représente donc le *Peuple de Fer*. En plus de cette entrée qui donne déjà en prélude, une idée de ce que sera le texte développé, le récit même de l'épopée est un tableau de violence investie à tous les niveaux de nominalisation.

- *La violence dans la nominalisation.*

Les noms des personnages, lorsqu'ils n'évoquent pas déjà dans le sémantème quelque chose de violent, l'intègrent dans leur prolongement qu'est la devise. On a par exemple le cas de « Abé-Mam » *Les mauvaises choses* ou plus simplement *le Mal* qui doit accompagner Mekui Mengômô en déportation chez les Hommes Bleus dans *Moneblum de Ossomo* par Eno Belinga. On peut encore citer Angone Endoñ dont la devise est « Nkôme Wate'e

---

[8] R.P. Galley, *Dictionnaire fang-français/français-fang.*

Bityé », soit dit, *Le Souffle-de-Forge-Qui-Ramollit-Les Métaux*, chef intrépide de l'armée d'Akoma Mba, le patriarche Ékañ ; « Fek-Yájàn » ou *L'Intelligence-Se-Perd* est le nom du gardien de la prison du pays des Hommes Bleus

Les noms de lieux sont également évocateurs de violence. Le nom du pays des Ékañ est connu sous le nom de Engoñ-Zok-Mebegue-Me-Mba dont la devise est « Carrefour des palabres » ou encore « Mbáyán-bikòp », soit dit « là où les habitants d'Ékañ-Mebe'e ont coutume de sécher les peaux d'hommes au soleil comme on sèche les grains de courge et d'arachide ». On a encore la désignation de certains objets qui à eux seuls font frémir ou évoquent la terreur. Ainsi de « Abé-Nleme-Otyeñ » ou *Le Couteau-Au-Mauvais-Cœur*, le couteau de jet, une des armes terribles utilisées dans les combats ou encore de « Olong-Metyi-Me-Bôrô » *l'Appelateur-du-Sang-Des-Hommes* le tambour d'appel qui ne résonne que pour mobiliser à la guerre ou annoncer une nouvelle funeste.

- *La violence narrative.*

L'ensemble des récits se caractérise par une exposition dure et brutale des faits. On peut évoquer entre autre :

> Mbeñ-Mone-Okome-Ékañ [...] bourra une pipe immense comme une grosse marmite/On tassa le tabac. Tô !tô !tô on alluma: /Mbeñ-Mone-Okom-Ékañ tira alors une longue bouffée, lotototo ! /Il se mit en équilibre sur sa tête, ses fesses tournées vers le ciel firent monter une fumée pareille/à celle d'un incendie de forêt. (*Moneblum* : 243).

> Ntoutoume Mfoulou était partout et nulle part. Les villageois qui avaient eu l'idée de fuir le rencontrèrent sous les palétuviers. (*Un Mvêt* : 275).

> Angone Endong Oyono et Nyebe Mone Ebo avaient incendié le village. Tu vois comme des têtes d'hommes

jonchaient la cour comme des noix de palme. (*Un Mvêt* : 381).

J'aime entendre appeler Zong Midzi, je l'aime davantage quand on prononce Zong Midzi Mi Obame. J'aime entendre le nom de son clan Okane. /Engbang, je ne puis vivre si je n'épouse pas Zong Midzi Mi Obame. (*Un Mvêt* : 127).

3 - Pouvoir et paix civile : idéologie du *Mvët ékañ*

Malgré une structure éminemment violente le discours du *Mvët Ékañ* est en fait un véritable plaidoyer en faveur de la paix. Il apparaît comme une hyperbole allégorique du récit et non plus à l'échelle d'une figure de style récurrente, occurrence qui exprime quelque chose de fondamental pour un peuple harassé et épuisé par une interminable migration. Fuir, toujours fuir vers l'inconnu, fuir la violence, fuir la guerre, fuir l'instabilité. Fuir toujours plus loin le mauvais voisinage, l'environnement hostile après avoir été chassé par des cavaliers redoutables et à l'armement plus efficace, parce que plus diversifié et mieux fabriqué.

D'où cette récurrence opiniâtre et presque obsessionnelle au fer dans le récit du *Mvët Ékañ*. Le fer qui sécurise, valorise, immunise, protège. Le fer qui leur permet d'asseoir leur domination et leur hégémonie sur les peuples de forêt qu'ils rencontrent sporadiquement et avec lesquels ils vont traiter d'intelligence et de collaboration : les Pygmées. En fait, les conflits narrés dans le *Mvët Ékañ* apparaissent comme d'une absurdité fantastique, un jeu de fiction littéraire d'une finesse éprouvée.

- L'absurdité du conflit Ékañ/Okü.

L'entreprise des Seigneurs d'Okü est vouée à un échec logique et avant même d'avoir été engagée. Quelle prétention en effet que de vouloir braver l'insurmontable, que de vouloir tuer la mort. Les Ékañ sont Immortels, les affronter inutile. Mais l'homme est prétentieux. Le combat qu'il mène contre l'adversité immense et cruelle n'est toutefois pas vain. L'homme veut s'imposer comme le maître suprême sur terre et asservir la mort. L'homme tente de relativiser cette mort, le seul ennemi qu'il n'a jusqu'alors jamais réussi à dompter.

Il est donc inutile et prétentieux de vouloir soumettre son semblable de même condition lorsque le véritable enjeu de la vie est ailleurs. Le conflit apparaît donc absurde à l'origine. S'il est inévitable, c'est par le message qu'à travers lui le *Mvët Ékañ* tend à délivrer, l'enseignement que le *Mvët Ékañ* doit transmettre : l'effort de l'homme pour vivre dans la paix, l'harmonie et la concorde, seul moyen pour lui de pouvoir se dépasser et de pouvoir exploiter l'immense trésor qu'il a en lui afin d'être un dieu sur terre. Ainsi, l'idéologie de la paix apparaît-elle comme l'enjeu, la finalité de l'épopée des Boulou-Beti-Fañ du *Mvët Ékañ*. Et c'est de manière explicite que cette idéologie est exprimée dans les divers textes ci-dessus évoqués.

- L'idéologie de la paix.

Dans *le Mvett 1* de Tsira Ndong Ndoutoume, l'entreprise de Oveng Ndoumou, le Seigneur Okü est clair. Il confie la mission suivante à Ela Minko :

> Je te charge [...] de ramasser et de détruire tout ce qui contient du fer. Prends ce sifflet et ce grelot métalliques. Dès que la ferraille te sera présentée dans un village, siffle. Elle sera happée par le grelot et volatilisée. Les objets de même genre qu'on t'aura cachés subiront infailliblement le même sort, quel que soit l'endroit où ils seront enfouis. Si tu rencontres un obstacle, il te suffira de prononcer mon nom et, au même instant, je serai à tes cotés. Parcours le pays, dépasses les frontières. L'anéantissement total du fer amènera la paix sur le globe. » (35)

De même, dans *le Mvett : l'Homme ; la Mort et l'Immortalité*, Tsira Ndong Ndoutoume énonce :

> A Engong Zok Mebeghe Me Mba nous sommes nombreux, très nombreux. Nous formons plusieurs familles, plusieurs clans, habitons de très grandes cités. Mais nous sommes unis. Des différends, même graves, peuvent surgir entre deux clans, allant parfois jusqu'à d'extrêmes violences. Mais nous les réglons par la palabre, la négociation et rétablissons finalement l'harmonie.
>
> Or dès qu'un homme d'Okü se sent doté d'une certaine puissance, il s'empresse de s'ériger en tyran, de réduire sa tribu, autrement dit son pays, en esclavage pour s'élancer ensuite à la conquête des autres pays et aboutir finalement à Engong, laissant des pleurs et des flots de sang sur son passage. Alors nous nous défendons. Nous ripostons à ces provocations. Le secret de l'immortalité ne nous est pas venu d'Okü. […] Le secret de l'immortalité nous est venu du Ciel, d'Engong et de nous-mêmes. Mais il faut être prêt à le recevoir et il faut savoir le recevoir. Aussi le secret de l'immortalité ne peut vous venir d'Engong, mais du Ciel, d'Okü et enfin de vous-mêmes. Je ne m'étendrai pas sur ce sujet car je n'ai pas à vous apprendre comment conquérir l'immortalité. » (285-286)

Le message de Tsira Ndong Ndoutoume est donc clair. Il sort du récit pour s'adresser au peuple fañ-boulou-beti de toutes les générations, celles avenir notamment. Il est un message d'exhortation à l'effort. Le bonheur de l'homme, son épanouissement ne peut venir que de lui-même, dans sa recherche d'une vie d'harmonie. L'harmonie, stade suprême de développement, est une quête absolue qui confère l'immortalité. Elle ne peut se voler ou être acquise par une autre procédure qu'un travail sur soi-même avant d'être sanctifiée par le ciel et les dieux.

Conclusion

L'idéologie est donc bien au service de l'épopée, et l'histoire mouvementée des peuples fañ-boulou-beti ne recommande pas autre chose que la paix comme condition d'une ère nouvelle de prospérité. Le *Mvët Ékañ* est une littérature héroïque, un ensemble d'épopées héroïques. Son héros n'est pas un personnage exceptionnel mais un peuple légendaire aux caractéristiques extraordinaires. Magnifiées dans le récit transmis de génération en génération, ces caractéristiques sont exacerbées dans le motif thématique qui constitue la toile de fond de toutes les énonciations du genre : l'immortalité des Ékañ est l'enjeu des terribles batailles que leur livrent les peuples d'Okü que nous, hommes d'aujourd'hui, représentons. Pour la retrouver, la paix est le seul passage qui peut nous y conduire. Elle nous révélera les capacités extraordinaires enfouies en nous et dont l'immortalité n'est qu'une infime partie.

Bibliographie

Belinga b'Eno Ch., *Des rapports entre la métallurgie du fer et l'oralité.* Thèse de Doctorat, Inalco, Paris, 1996.

Derive, J. (sous la dir.), *L'épopée : unité et diversité d'un genre.* Paris, Karthala, 2001.

Eno Belinga, *Moneblum de Daniel Ossomo*, Yaoundé, Ceper, 1976.

Ndong Ndoutoume, T., *Le Mvett I.* Paris, Présence Africaine, 1970.

Ndong Ndoutoume, T., *Le Mvett II.* Paris, Présence Africaine, 1973.

Ndong Ndoutoume, T., *Le Mvett : l'Homme ; la Mort et l'Immortalité.* Paris, L'Harmattan, 2000.

Vittorio, (sous la dir.), *L'épopée*, Brepols, Turnhout, 1988.

Wolf (P. de), *Un Mvêt de Zwé Nguema* Paris, Présence Africaine, 1972.
Zumthor, P., *Introduction à la poésie orale.* Paris, Seuil, 1983.

Chapitre 3 : La légitimation en littérature orale : le cas de l'épopée orale du Mvët du Cameroun, du Gabon et de la Guinée équatoriale

Charles Belinga b'Eno

1 - L'épopée orale du Mvët

Le mvët est un instrument de musique traditionnel. Il est fabriqué dans un matériau naturel et est de ce fait facilement accessible. Rendu par *guitare* en français, le mvët est un instrument d'accompagnement qui rentre dans un orchestre de percussions, de chants, et souvent d'autres mvët. Dans ce cas le Mvët désigne l'ensemble musical qui comprend non plus uniquement le son du cordophone, mais la création dans sa totalité. On distinguera alors le mvët-instrument du Mvët ensemble-musical par la distinction verbale liée aux différents sujets : */ə bôme mvët/* (jouer du mvët, donc allusion à l'instrument) se distingue de */ə lañe mvët/* (réciter un épisode de mvët, donc allusion à l'ensemble musical). Dans un orchestre, on retrouve un mvët, -instrument principal-, et un ou plusieurs mvët-instruments d'accompagne-ment. Le mvët d'accompagnement est joué par l'apprenti qui s'initie à l'art de dire les épopées. Il accompagne le maître dans ses déplacements, l'assiste et acquiert le fondement mystique et mythologique du mvët qui désigne alors l'Art-Mvët dans sa totalité. De là il s'établit des différences typologiques.

Du fait que le cordophone peut être désigné sous d'autres appellations, plusieurs genres de compositions musicales s'y appuyant peuvent être répertoriés, qui n'ont toutefois ni la même importance sur le plan de la pratique dans les sociétés concernées, ni la même emprise sur les hommes, et encore moins la même portée sociale et culturelle.

Les Fañ désignent encore l'instrument par */aloñ/* (siffler), */ngonaloñ/* (pl. fañ) *et /azanyañ/* (idiophone à barres frappé ou xylophone). Les Boulou et les Ntoumou, par contre, disent */angonemane/* (la fin de la coquetterie, pour les ballades amoureuses), */asôk ôlôñ/* (la cascade d'épines pour la longueur de la récitation et son caractère dur et vindicatif) ou */oyeñ/* (nervure de la feuille de raphia, sans doute pour marquer le caractère authentique du genre).

Il faut dire que ces différentes appellations caractérisent les ensembles musicaux mineurs, c'est-à-dire, les pièces chantées, récitées ou psalmodiées, accompagnées le plus souvent de l'instrument seul et, plus rarement, d'un orchestre. Les sociétés qui pratiquent le mvët aujourd'hui sont celles qui ont habité la rive droite de la Sanaga au cours de leur migration. Le mvët qui se retrouve également dans cette zone (actuelle région de l'Adamaoua au Cameroun) a accompagné divers genres au cours de l'histoire : panégyriques (chant de louange du Sultan Bamoun Njoya par sa fille), chantefables (*Nden-Bobo* l'Araignée-toilière), chroniques historiques et chants liturgiques. Pour marquer ce caractère " mineur " du mvët, Eno Belinga précise en substance que « quand le Mvët n'est pas au service de l'épopée orale, la tradition boulou et fañ l'appelle alors *biaé bi Mvët* " les ongles du Mvët "… »[9].

Le mvët, en tant qu'ensemble musical, se subdivise donc en mvët " superficiel " */biaé bi mvët/ (/mvët bibon/* ou ballades amoureuses, */angonemane/* ou chronique mineures, chantefables) et en épopée orale, *Mvët ékañ*. C'est ce dernier qui intéresse la présente réflexion.

---

[9] Eno Belinga (Inédit), Le Mvët : de l'initiation à la pratique.

Le *Mvët ékañ* désigne le mvët des épopées orales du même nom. Aujourd'hui, le terme *Mvët ékañ* désigne le genre de création musico-littéraire qu'un professionnel initié récite ou chante, psalmodie ou narre au cours de soirées spéciales. Un public toujours nombreux participe à ces séances et ne les manquerait sous aucun prétexte. Le thème invariable et inviolable de ces épopées, malgré le nombre infini d'épisodes (*bibañe bi mvët*), relate l'histoire de guerres terribles qui opposent des peuples imaginaires : des géants mortels habitant le Nord (en fait l'amont du fait que dans leur migration les peuples qui le pratiquent suivaient le mouvement des cours d'eau) et les Immortels du Sud (l'aval) d'un espace mythique. Les premiers, les peuples d'Okü (peuples du Nord) cherchent inlassablement à se procurer l'insondable secret de l'immortalité que détiennent les Ékañ (peuples du Sud).

La tenue d'une soirée de Mvët ou la présence d'un *mbômô-mvët* (joueur de mvët professionnel) dans une région mobilise tout un village, sinon plusieurs, parfois distants de plus d'une dizaine de kilomètres. Derrière cette mobilisation transparaît l'intérêt tacite qui révèle l'attachement des individus à sa performance. Il y a donc un enjeu, comme une attente manifeste de participer à la séance, d'assister à cet événement pour confirmer le sentiment collectif d'appartenir à une entité soudée par une expérience collective, une histoire et un passé communs. C'est en somme la conscience de former une tradition et de la perpétuer. Aucun autre genre littéraire – et c'est peu dire -, aucune activité quelle qu'elle soit ne mobilise dans sa totalité l'ensemble des communautés fañ-bulu-beti !

Le *Mvët ékañ* est donc un genre particulier à l'intérieur même du genre mvët. Un mvët peut être chanté par un musicien un peu doué, mais le *Mvët ékañ* a son poète. La récitation est l'apanage d'un professionnel, le *mbômô-mvët*, qui a été initié pour en devenir le chantre. Le statut de ce professionnel et sa légitimité confèrent alors un caractère particulier à l'énonciation du *Mvët ékañ* : en effet, la récitation crée, en se développant, la légitimation du poète.

2 - Le statut du *mbômô-mvët*

Le *mbômô-mvët* rappelons-le, est un professionnel. S'il est un professionnel, c'est parce qu'il reçoit une formation particulière au bout de laquelle il obtient l'onction de pouvoir délivrer les épopées qui constituent le *Mvët ékañ*. Cette formation va beaucoup plus loin qu'un simple apprentissage : il s'agit d'une initiation. En quoi consiste-t-elle ?

L'école du mvët est un long apprentissage au cours duquel l'apprenti s'initie et acquiert un ensemble de connaissances relatives à son art. De la fabrication de l'instrument à la maîtrise des fondamentaux de la récitation épique (Théogonie, cosmogonie et généalogies épiques), l'apprentissage du *Mvët ékañ* prend les allures d'un véritable itinéraire initiatique.

Le *Mvët ékañ,* on l'a dit, met en scène des tribus imaginaires. Ainsi l'école du mvët comprend la connaissance du Panthéon mythique, à savoir l'ascendance des deux tribus qui s'affrontent et qui ont des racines communes. De la création d'**Eyo'o,** - l'Être initial, le Sans-forme, qui est dans tout, en même temps que tout est dans lui-, alors qu'avant tout n'était que néant, jusqu'aux branches les moins connues de la tribu ékañ, les Immortels, il faut parfaitement connaître plus d'un millier de noms, noms sur la base desquels il faut créer les épisodes ! Dans son Essai sur *La dynastie Ékañ Nna*,

Daniel Assoumou Ndoutoume[10] donne deux versions de la Genèse.

L'explication de la naissance du monde par les hommes donne toujours lieu à la mise en place de structures religieuses et, partant, des mythes. La généalogie mythique va ainsi succéder à la Genèse. L'apprenti *mbômô-mvët* devra donc accéder aux couches ascendantes les plus lointaines des personnages évoqués dans ses récits : leur ascendance mais également leurs caractères. Trois illustres clans d'Immortels constituent l'ossature des récits : le clan Mba ou les Rocs, le clan Endoñ ou les Fers et le clan Meye, c'est-à-dire les Marteaux. La généalogie des gens d'*Okü* est quant à elle moins bien connue. En fait, c'est le lieu de création et de liberté totale des *bebômô-mvët*, les poètes musiciens.

Ce trait de la récitation du *Mvët ékañ* est spécifique au peuple pahouin, car dans les sociétés concernées, la connaissance des liens sociaux (maître/esclave), parentaux (patrili-néaire et matrilinéaire), matrimoniaux (sociétés de régime polygamique), des alliances diverses est déterminant, primordiale. Et c'est peu dire que de mentionner la connaissance parfaite des liens dans les dites sociétés. En effet, situer un individu dans ces groupes, c'est pouvoir aligner les patronymes de son lignage patrilinéaire, de son lignage matrilinéaire, des engagements matrimoniaux dans d'autres clans ou tribus, c'est pouvoir maîtriser la devise tambourinée de l'individu ainsi que tous ses pseudonymes.

Il faut pour le *mbômô-mvët* réciter allégrement cette fiche d'état-civil pour l'ensemble des personnages des textes épiques, sans en inventer d'autres ni en omettre un seul ! Une telle acquisition, qui se fait normalement au

---

[10]Assoumou Ndoutoume D., *Du Mvett (Essai sur la dynastie Ékañ Nna)*, Paris, L'Harmattan, 1986.

cours du temps (le temps de l'apprentissage qui est forcément inégal selon la capacité de mémorisation des élèves), est renforcée par le recours à des substances susceptibles d'aider la mémoire, substances parmi lesquelles on compte certaines plantes !

C'est ainsi que l'initiation au mvët comporte une phase d'apprentissage de la pharmacopée, savoir nécessaire à toute personne qui veut " agir " sur soi ou sur les autres. A côté des moyens mnémotechniques traditionnels qui accompagnent une bonne acquisition et mémorisation des généalogies, de la cosmogonie et de la théogonie, l'utilisation de drogues, l'absorption de plantes agissant sur les facultés intellectives et sur le cerveau sont indispensables. Seulement, il faut connaître ces plantes, en connaître le mode d'emploi, la posologie, les effets et les contre-effets. L'usage de ces substances peut provoquer la *mort,* c'est-à-dire le voyage au cours duquel se fait la révélation des grands mystères.

C'est là un caractère commun à la plupart des initiations où, pour les plus poussées, on fait usage de plantes hallucinantes, de drogues diverses, qui provoquent des réactions et placent dans un état de semi-conscience ou carrément de coma pendant lesquels le nouvel homme se forme. C'est le *voyage*. La valeur de ce voyage dans la formation du *mbômô-mvët* est alors hautement significative. Mort rituelle ? Mort symbolique ? Le terme de l'initiation traduit la renaissance d'un être nouveau, différent de l'homme ordinaire, investi de pouvoirs surnaturels et reconnus de tous. S'agit-il d'un voyage aux sources de la vie et du monde ?

Ce déplacement n'est pas sans nous rappeler le coma initiatique de Oyono Ada Ngono, le révélateur du mvët, qui l'a pratiqué et livré aux hommes pour leur enseigner leurs origines. C'est donc ce voyage que les auditeurs accordent au *mbômô-mvët* – au bénéfice du doute mais à la faveur d'une pratique traditionnelle - qui constituent la première étape, la caractéristique fondamentale de la légitimation. Au-delà de cette légitimation, il y a l'authentification et, partant, de la vérité du récit. Il ne s'agit pas pour nous de poser un regard de prosélyte sur l'initiation du barde, simplement de cerner en quoi consiste la condition d'une vérité qu'investit la narration de statuts et *in situ*. Eno Belinga[11] nous dit :

> Oyono Ada Ngono fut plongé, de longs jours durant, dans un sommeil léthargique proche de la mort… Là il fut témoin oculaire des événements qui se sont déroulés dans le lointain passé de notre Terre. Ses oreilles entendaient distinctement toutes les paroles et tous les bruits.

L'apprentissage du mvët est donc perçu par l'ensemble de la communauté comme une preuve que l'apprenti et les *bebômô-mvët* sont des témoins d'un mystère qui leur est révélé. Ils sont les acteurs d'une expérience du sacré qui n'est pas le privilège du commun des individus. C'est donc dire que tout *mbômô-mvët* a pour mission de reprendre l'interminable tâche, la mission eidétique et sisyphienne, du premier initié aux mystères, Oyono Ada Ngono, d'informer les hommes sur ce qui lui a été donné de voir et d'entendre sur le monde depuis l'origine des temps.

Cette valeur de témoignage a toute son importance et les *bebômô-mvët* en revendiquent le statut. Le fondement de ce voyage initiatique est donc de permettre au *mbômô-mvët* de se mouvoir dans l'espace et le temps, de faire le déplacement entre le passé lointain et le présent, entre l'espace mythique et le lieu de la récitation. Mais la

---

[11] Eno Belinga., *Moneblum, L'épopée camerounaise*, Yaoundé, Ceper, 1976, p. 17.

réalité de ce voyage, à l'instar de celle de se mouvoir à travers l'espace et le temps, est plus subtile. En effet la transmission du mvët, la passation du « pouvoir dire le Mvët »[12], qui confère à l'apprentissage et à l'acquisition des connaissances techniques, ésotériques et esthétiques un caractère sacré, se fait par « tombe » interposée, après la manducation du repas initiatique qui apparaît comme le */bian mvët/* ou remède du Mvët – notion qui garde absolument une connotation magique.

Guimera définit le */bian/* de plusieurs manières. Le */bian/* peut à la fois être compris comme un rite ou comme tout objet ou procédé magique. Lorsqu'il évoque le « *bian Mvët* », il pense à l'initiation de l'artiste. Il s'agit d'un repas où l'apprenti est supposé manger les viscères d'un maître génésiaque. D'après les propos de Zwé Nguéma recueillis par P. et P. de Wolf « Un joueur de Mvët n'est pas un vrai joueur s'il n'a pas mangé le foie et le cœur que Bitome Bizo'o a laissés. »

La consommation de ce */bian mvët/* (le remède du mvët) ne renvoie pas à cette faculté de voyager au sens premier de ce terme, c'est-à-dire de se déplacer physiquement d'un endroit à un autre, mais celle plus subtile d'agir comme un stimulateur psychotrope. Il est en fait question d'augmenter la puissance des sens de l'homme ordinaire, afin qu'il atteigne une dimension plus cosmique. Ce sont donc les sens du *mbômô-mvët* qui voyagent, c'est son */évu/* que Guimera (1981 : 24) définit comme instance constitutive de certaines personnes et support personnel de tout acte magique qui voyage. Le pouvoir de perception du *mbômô-mvët* est alors amplifié au point de lui faire remonter les espaces et les siècles. Le passé pénètre dans le *mbômô-mvët* à travers ses sens et,

[12] Expression mise en évidence par l'auteur.

dépassé par sa force – sa vérité - il en devient l'expression vivante au moment de la récitation.

La symbolique du repas ici, comme dans toutes les grandes traditions, revêt un caractère singulier. Le repas, à savoir la manducation « du cœur et du foie de Bitome Bizo'o », apparaît comme une mystification consciente d'un phénomène que les détenteurs du *Mvët ékañ* ont maîtrisé de la nature, des capacités physico-chimiques des plantes qui permettent un décuplement de certaines facultés après l'absorption de certaines substances.

L'initiation du *mbômô-mvët* l'institue comme un être singulier au sein de la société. Il n'est ni sorcier ni devin, mais on lui reconnaît des pouvoirs, parmi lesquels celui de démasquer les sorciers. Ils sont autant adulés que craints.

En dehors de l'initiation qui provoque la mort symbolique du *mbômô-mvët* et sa renaissance comme personne investie de pouvoirs, la récitation d'un */ébañe mvët/* (épisode de mvët) est autrement crédibilisée à travers le costume que revêt l'artiste au moment de la performance. En effet, pour sa prestation, le *mbômô-mvët* arbore une tenue spéciale : une coiffe surmontée d'un bouquet de plumes d'oiseaux plus ou moins fourni, des brassards où l'on compte soit des queues soit des morceaux de peaux d'animaux – chats-tigres, écureuils, genettes, etc.-. Il ceint sa taille d'un riche vêtement composé de tissus-pagnes et de peaux d'animaux – panthères, moutons, etc.- et/ou de fibres de raphia. Enfin aux chevilles, s'entassent des bracelets ornementés et des sonnailles ou clochettes. Autant cette parure a une fonction esthétique, autant elle remplit une fonction vériconditionnelle. Elle glose les vêtements dont sont parés les acteurs des combats grandioses qui se déroulent dans le récit.

La légitimité du *mbômô-mvët* procède de son initiation. S'il n'est pas initié, un joueur de mvët ne peut pas être tenu comme tel. Il sera un simple instrumentiste, capable de jouer le mvët, mais inapte à le « dire ». Mais le seul fait de son initiation ne suffit pas à asseoir sa légitimité. Un processus de légitimation comme véritable *mbômô-mvët* va s'instaurer en amont de toute récitation ; il doit durer pendant tout le temps de la formation. C'est ce que j'appelle la légitimation à travers le contrat de parole. Comment mesure-t-on cette légitimation dans les sociétés concernées ? Quel en est l'enjeu véritable ?

3 - Les conditions de vérités du *Mvët ékañ*

Dans la performance de la récitation et du *Mvët ékañ* comme genre narratif traditionnel s'intègre l'adhésion de l'auditoire aux énoncés du *mbômô-mvët.* C'est en fonction de cette adhésion que le genre se pose comme institution afin d'asseoir sa légitimité. La fin de la récitation peut ne pas être agréée par l'auditoire et sanctionnée par un arrêt extrême et univoque qui traduit sa profonde frustration. Cette sanction qui se traduit à travers des expressions telles que « Ce n'est pas du Mvët » ou « ce type (*mbômô-mvët*) n'y entend rien au Mvët » dénie et enlève toutes les caractéristiques du mvët à un événement, une récitation, une performance qui en a pourtant rassemblé tous les attributs.

Le *mbômô-mvët* est initié. Or ce poète que sa formation initiale légitime comme tel n'a pas réussi à asseoir son autorité ni sa crédibilité. Qu'est-ce qui peut expliquer un accident d'une telle gravité ? Il apparaît que le poète vit la tenue d'une récitation comme une épreuve qualifiante, comme un exercice vital au bout duquel son statut, son art autant que sa vie sont susceptibles d'une remise en cause. Chaque séance devient ainsi un nouveau processus de légitimation et de confirmation des acquis de sa formation.

- Le contrat de parole.

Avant la récitation, s'institue un contrat de parole entre le poète et l'auditoire. Honorer ce contrat de parole ou en d'autres termes réussir sa prestation est pour le *mbômô-mvët* la condition d'établissement de sa légitimité.

L'adhésion de l'auditoire en prélude à la récitation à travers ce pacte se manifeste implicitement. Cet accord tacite, mais réel, s'énonce comme suit : « Grâce à mon initiation je suis autorisé à énoncer ces phrases que vous entendez et ces mots que vous écoutez et me tenir garant de la vérité qu'ils portent ». Autrement dit : «Mon initiation me permet de vous raconter cette histoire qui est vraie ». Sur la base de cet implicite, les énoncés de la récitation vont alors signifier des phénomènes acceptés d'emblée comme vrais.

- La sanction finale de l'auditoire

Il peut paraître surprenant de considérer la sanction finale de l'auditoire comme d'un élément de légitimation du *mbômô-mvët.* Si ce dernier est un poète, alors le texte qu'il invente et narre devant un auditoire lui appartient en totalité. Mais la sanction finale est extrême, univoque et sans appel. Deux possibilités. L'auditoire est soit satisfait de la prestation (performance) du *mbômô-mvët* et le reconnaît comme un authentique professionnel, soit il est insatisfait et le condamne comme usurpateur. Sur quelle base l'auditoire peut-il condamner cet homme qui a été initié comme professionnel, initiation inaccessible au commun ? Quels critères régaliens sont-ils implicitement convoqués pour condamner le poète et sa performance ?

Le jugement ne porte en définitive pas sur l'épopée (le récit) à proprement parler, mais sur l'investissement de la charge émotive que véhicule le rapport à l'histoire et partant la non-maîtrise des codes liés à l'histoire du peuple par le narrateur. L'auditoire constitue ainsi cette instance académique qui ne jauge le fond et la valeur de la narration que sur des aspects qui tiennent à la forme non du récit, mais de l'utilisation dans celui-ci d'éléments culturels de validation du sentiment d'appartenance à l'histoire commune.

Le *mbômô-mvët* est donc désigné et chargé de raconter une histoire que l'auditoire doit accepter comme vraie. Il est le rapport, le lien qui existe entre le monde tel que le vivent les auditeurs et le monde tel que le présente le récit. Il est le lien palpable et vivant qui existe entre les énoncés et la situation d'énonciation. Par son initiation et son costume, le *mbômô-mvët* circonscrit un univers de croyance, un espace dans lequel l'auditeur établit un rapport entre les phrases de la récitation épique et les situations décrites.

Le poète doit à la fois authentifier le récit en réussissant la prouesse, par un phénomène de distanciation, d'apparaître comme un personnage de son récit. Sinon, il faut qu'il s'impose comme un témoin oculaire de ce qu'il raconte et qui se serait passé voici des milliers d'années. C'est donc ce pan de son histoire que l'auditoire perçoit au cours de la performance.

Ce processus s'opère pendant toute la récitation et chaque fois qu'il doit réciter un épisode de mvët. Quel que soit le lieu, quel que soit le moment. Et les histoires qu'il tisse, toujours nouvelles, jamais les mêmes, viennent de ce qu'il maîtrise les généalogies, la théogonie et la cosmogonie mythiques.

Tout ce processus de légitimation, d'assise de son autorité, le *mbômô-mvët* ne le réalise que dans un contexte de société de tradition orale. En effet, aussi profane et externe peut paraître l'auditoire en ce qui concerne l'épopée orale du mvët, aussi détaché et ignorant est-il de l'initiation du poète, l'auditoire reste toutefois actif dans la mise en place du récit. Le propre de l'oralité et sa dynamique s'opèrent dans la participation de l'auditoire qui dans le cas d'espèce prend des contours particulièrement colossaux.

Condamner un poète au terme d'une séance revient à une organisation longuement éprouvée, à une structure sociale cohérente comme une académie en pleine activité. Le corps social ignorant de la récitation qui va lui être délivrée porte en soi les éléments d'appréciation du niveau de connaissances du poète, de la valeur de son initiation dont il ignore tout mais qu'il éprouve au travers de la réussite du *mbômô-mvët* à imaginer, à recréer l'histoire que lui, l'auditoire, connaît par la transmission immémoriale.

Par cette pratique établie par la société, je veux parler de l'initiation du *mbômô-mvët*, à la fois spécifique et extraordinaire, non révélée au du commun des mortels, le poète se pose comme une personne autorisée à délivrer le mvët. Son autorité ne sera définitivement assise qu'au terme de la récitation et lorsque celle-là portera sceau de l'approbation générale.

Conclusion

La légitimité du poète du *Mvët ékañ* lui est conférée par son initiation. Mais cette initiation n'achève pas pour autant sa position de poète dans les sociétés concernées. A chaque récitation, à chaque séance qu'il devra délivrer, il lui faudra asseoir son autorité, sa légitimité par l'adhésion totale de l'auditoire. La récitation qu'il délivre est alors un long processus de légitimation à travers lequel l'auditoire doit s'identifier, et dans lequel il doit avoir le sentiment de retrouver une partie de son histoire qu'il croit le *mbômô-mvët* capable de lui rendre. Ce n'est qu'à ce prix que le poète du *Mvët ékañ* est reconnu comme professionnel de cette littérature.

Deuxième partie : genres oraux, fonctionnalité et fonctions

Chapitre 4 : Le marcanda ou le deuil de la femme préférée

Sandra Bornand

Chez les Zarma, peuple situé à l'ouest de l'actuelle République du Niger, la tradition orale occupe une place prédominante dans la vie quotidienne, et en particulier dans le déroulement des différents cérémonies qui la rythment : baptêmes, mariages, funérailles, intronisations. Cette omniprésence de la tradition orale nous révèle son importance et nous questionne sur ses fonctions sociales. Car le rôle de l'oralité est polymorphe et diffère selon le genre du discours dans lequel elle s'inscrit. Nous aimerions montrer ici sa fonction dans un genre particulier, le *marcanda*. C'est une cérémonie qui s'inscrit dans le cadre du mariage polygame, et qui est dédiée à la dernière femme dont l'époux se remarie. Essentiellement composé de chants d'insultes (envers chacun des nouveaux mariés), et d'énonciation de proverbes, il exprime le plus souvent la difficulté et la révolte à la perspective de devoir vivre avec une nouvelle coépouse.

Mon hypothèse principale est que, au-delà d'une expression de révolte, se profile une fonction intégrative essentielle : ce rituel, en permettant le deuil d'une condition de « dernière épousée » – donc de femme préférée – aide à accepter le nouveau statut. En vivant, dans un cadre ritualisé, la colère et le désespoir, elle permet finalement d'accepter la nouvelle épouse et la fin des privilèges qu'elle induit.

1 - Le contexte d'énonciation du marcanda

La femme dont l'époux se marie organise une cérémonie au cours de laquelle elle invite, pour la journée, les autres femmes mariées du village. Elles mangent de bons plats préparés avec l'argent que le mari donne pour l'occasion. En fin d'après-midi, chaque invitée retourne chez elle, prépare le repas familial, s'habille et se pare pour la cérémonie. Les femmes reviennent ensuite chez leur hôtesse à la tombée de la nuit, soit après la bénédiction du mariage[13]. C'est à ce moment, avant le retour des nouveaux mariés, que commence véritablement le *marcanda*

L'assistance, en principe composée uniquement de femmes mariées[14], se caractérise tant par l'absence du mari[15] que de sa nouvelle épouse (celle-ci arrive avant la fin de la cérémonie, mais elle est installée dans une chambre à part, et n'y participe en aucun cas). La femme pour qui a lieu le *marcanda* – qui se trouve en général dans sa chambre, entourée de ses proches – n'y participe pas non plus, mais elle entend que la cérémonie se déroule sans pour autant comprendre tout ce qui s'y dit. La « mise au dehors » de celle qui est le plus « dedans » (elle est la principale concernée) met en évidence la prise en charge des émotions par la société.

Toutes les femmes se placent en demi-cercle, selon une répartition spatiale claire : les premières femmes, celles qu'on appelle les « grandes épouses », se

---

[13] Dans les villages, celle-ci a lieu à 19 h en même temps que la prière du soir. En ville, la bénédiction a souvent lieu à 7 heures du matin. Mais les danses et chants ne commencent en ville comme au village qu'après 20 heures.

[14] Il s'agit d'une norme, et comme toutes les normes, celle-ci n'est pas toujours respectée, bien qu'elle soit revendiquée par les informatrices.

[15] Cette assistance strictement féminine permet aux femmes d'abandonner la retenue qui est de mise en présence des hommes. On signale parfois la présence d'un joueur de tambour d'aisselle, mais celui-ci étant d'origine captive, il n'est pas considéré, dans une société qui repose sur la dichotomie entre hommes libres et captifs, comme un véritable représentant du sexe masculin.

positionnent du côté de la maison où se trouve leur hôtesse. Dans un ménage composé de quatre épouses, les deuxièmes femmes se placent aux côtés des premières, tandis que lorsqu'un homme a trois femmes, celle du milieu choisit son camp. Face à elles, on trouve les « petites épouses », soit les dernières épousées ainsi que, dans le cas d'une famille à quatre épouses, celles épousées en troisièmes noces. Celle qui parle s'avance au centre du demi-cercle, pendant que les autres femmes frappent dans leurs mains ou, lorsqu'un joueur de tambour d'aisselle est présent, pendant que celui-ci donne le rythme sur son instrument. Elle danse et adresse à ses rivales – sur un rythme particulier[16] – des proverbes[17], qui peuvent être à la fois injurieux et vulgaires.

En général, ce sont les représentantes des premières femmes qui commencent la joute oratoire. Il leur arrive de l'entamer tout d'abord par les louanges de leur hôtesse, en mentionnant notamment son bon comportement envers elles et leurs enfants. Une fois que la grande épouse a terminé, une représentante des petites épouses s'avance à son tour pour lui répondre, toujours sous forme de proverbes et en dansant. Les représentantes des deux groupes se succèdent ainsi alternativement. Au cours de la cérémonie, les femmes chantent également. Certaines évoquent le plaisir ressenti lors des rapports sexuels qu'elles ont eu avec des hommes ou raillent les performances sexuelles de ceux-ci. D'autres expriment par leurs chants la douleur de l'arrivée d'une coépouse dans le foyer.

---

[16] Rythme qui pourrait s'apparenter à celui du rap actuel.

[17] Le terme zarma « yaasay » signifie à la fois « proverbe, parole, comparaison, parole imagée ». Dans le cadre du marcanda, il s'agit de formules qui ne sont pas directement prises en charge par l'énonciatrice, car leur énonciation est fixée et socialisée.

A l'arrivée de la nouvelle mariée, les premières femmes provoquent celle-ci en chantant « la vaurienne est arrivée, la vaurienne est arrivée ». La jeune mariée entre alors dans la chambre de sa coépouse pour venir se présenter à elle en silence, puis est accompagnée dans la chambre de son mari qui n'est pas encore arrivé. Dans la cour, la cérémonie continue jusqu'à l'arrivée du mari. Celui-ci se rend auprès de sa femme, afin qu'elle lui donne implicitement son accord, avant de se rendre auprès de sa nouvelle épouse. Après avoir salué les différents protagonistes, les femmes qui participaient au *marcanda* se dispersent et rentrent chez elles.

2 - Les fonctions du marcanda

Dans une société où priment la retenue, la maîtrise de soi et le sentiment de pudeur, où les intérêts collectifs sont plus importants que les valeurs individuelles, toutes les paroles prononcées lors d'un *marcanda* paraissent subversives. En effet, les femmes y expriment la colère de se voir imposer une coépouse. Cette colère s'exprime principalement par le dénigrement de l'autre :

> Kakara karanze[18] ne gâte pas ma sauce[19] / Le père de mon fils m'a vraiment amené la part de la dent[20] je ris [d'elle] jusqu'à satiété / L'idiote ne connaît pas le mal elle ne connaît

---

18. La coépouse est ici comparée aux gousses de gombo trop mûres qui ne donnent pas de la bonne farine et qui gâtent la saveur de la sauce.

19. Ici, « ne me gâte pas la sauce » signifie surtout « ne me gâche pas mes nuits », car la deuxième femme ne vaut rien et pourtant gâche les nuits de la première femme avec son mari.

20. Expression désignant le fait d'être la risée de tout le monde. Quel que soit l'endroit où cette personne passe, on se moque d'elle, car elle n'a aucune valeur à l'image de la sauce aux gousses de gombo trop mûres.

pas le bien la vaurienne hiye [21]! hiye ! la part de la dent hiye ! hiye ! la vilaine.

Outre la jalousie de devoir partager un mari, la colère naît d'un sentiment de frustration face au partage des richesses :

> Alla kasambarce ! A l'arrivée des petites épouses le grenier de mil ne dure plus un mois / Ce sont les petites épouses qui l'ont rendu ainsi[22] / Le grenier de niébé ne dure plus un mois / Ce sont les petites épouses qui l'ont rendu ainsi / Ces nombreux commérages que l'on voit ce sont les petites épouses qui les ont amenés[23].

Concernant leur mari, elles expriment non seulement la colère mais également la soif de vengeance qui les habite : « Si tu verses du piment dans mes yeux vraiment je verserai du piment dans tes yeux »[24].

La deuxième personne du singulier désigne ici le mari et le piment fait allusion à la coépouse que lui impose son mari. La grande épouse décide de se venger (« verser du piment dans tes yeux ») en regroupant toutes les femmes pour qu'elles viennent danser, chanter, manger et boire, afin que son mari en ait pour ses frais.

Cette colère contre le mari s'exprime également dans certains chants où les femmes se moquent des faiblesses des hommes qui ne peuvent résister à une

---

21. Simulation des rires.

22. Car elles constituent une charge supplémentaire.

23 Alla Kasambarce ! wande kayney kaayanta hayni barma si te handu / Wande kayney no kand'a / Dunguri barma si te handu / Wande kayney no kand'a.Miimanda boobo kaŋ i ga te wande kayney no kand'a.

24 Da ni na tonko say ay mo ra wallaahi kala ay mo ma a say ni mo ra.

femme : « Le chien de Damana[25] ne connaît pas la honte il voit la verge et dit que c'est un os »[26].

Dans ce chant, elles définissent les hommes comme des obsédés qui ne connaissent pas la honte. Par la métaphore, elles vont jusqu'à les comparer aux chiens, car comme ces derniers devant un os, s'ils se trouvent face à une femme, ils veulent coûte que coûte y goûter[27]. Dans d'autres chants, elles se moquent d'un homme qui a une malformation au niveau de ses organes génitaux (il n'a qu'un seul testicule) et qui ne peut par conséquent pas satisfaire sa femme :

> Mamoudou Beelende[28] / Possesseur d'une verge et d'un seul testicule / Possesseur d'une verge et d'un seul testicule / Par le sexe de ma mère il n'a pas même pas de verge / Et il demande qu'on le marie.

En ridiculisant les hommes, les femmes – le temps d'un rituel – se positionnent comme supérieures à ceux-ci : n'affirment-elles pas dans un chant que « de la verge ou du vagin qui est prince ? / C'est le vagin qui est prince lui qu'on trouve en bas pour baiser ». Cette colère contre les hommes se transforme alors en affirmation de leur liberté dans leurs activités sexuelles et dans leur parole (elles évoquent des thèmes tabous dans la vie quotidienne), soit en revendiquant leur propre plaisir :

> Je connais la pâte de mil depuis la maison / [...] / [La verge] n'est vraiment pas tordue elle est élastique / Celle qui est

[25] Le nom du village de Zamaganda.

[26] Daamana hansi si haawi bay kaŋ ga di bande ga ne biri.

[27] L'explication peut paraître confuse, mais c'est celle qui m'a été donnée par les locutrices. Peut-être ont-elles fait une erreur lors de l'énonciation du proverbe et dit « verge » à la place de « vagin ».

[28] Nom du personnage masculin.

> tordue ne t'atteint pas / Celle qui est petite ne t'atteint pas / Et celle qui est grosse est paresseuse / Il faut la géante[29].

Soit en évoquant leur liberté de choisir un amant :

> Way way way[30] Korombe[31] / Korombe ta parole est dans mon cœur / [...] / Avant-hier tu es venu tu as donné cent francs / [...] / Aujourd'hui tu as donné cent francs / Le total fait deux cents francs[32] / [...] / Korombe ton pénis est joli ton pénis est joli au point de brûler un vagin / [...] / Korombe tout ton pénis est bien long / Or la verge est chaude au point de brûler le vagin [33] / Dondondon dondorongo[34] / Way way way Korombe / Hay hay hay Korombe / Continue et enfonce-le en moi Korombe / Continue et enfonce-le en moi Korombe / Si tu l'enfonces appuie-le[35].

Au cours du rituel, la colère semble se transformer progressivement en tristesse, certaines femmes y évoquant

---

[29] Ay ga ay hayni hawru bay za fu / [...] / A si siiri bo a ga gappal no / Wo kaŋ siiri wo si to boro ga / Wo kaŋ kayna mo si to boro ga / Wo kaŋ warga mo ga hayfun no / Kala day burkutu.

[30] « Way way way » : onomatopée exprimant le plaisir sexuel de la femme pendant leur rapport.

[31] Nom du personnage masculin.

[32] L'homme, avant de commencer à courtiser la femme, lui donnait de l'argent pour obtenir ses faveurs.

[33] Elle a tellement apprécié de faire l'amour qu'elle compare la verge à un courant électrique.

[34] Onomatopée désignant le bruit que font deux amants lors des relations sexuelles.

[35] Way way way Korombe / [...] / Korombe ni sanno go ay bina ra / [...] / Ni biifo sanno go ay bina ra / [...] / Biifo ni ka ni no waranka / [...] / Honkuna no ni no waranka / I marganta waytaaci no ya / [...] / Korombe ni hanji ga boori ni hanji ga boori kala a ma dafe ton / Korombe ni hanjo kulu ga boori ni hanji ga dungu / [...]/ Korombe ni hanjo ku ga boori / Wiiza hanji ga dungu kala a ma dafe ton / Dondondon dondorongo / Way way way Korombe / Hay hay hay Korombe / Soobay ga a naanu ay se Korombe / Soobay ga a naanu ay se Korombe / Da ni na a naanu ma zutu-zutu.

– dans un chant – la douleur de l'arrivée d'une coépouse dans le foyer :

> Je l'ai déjà dit je l'ai déjà dit je l'ai déjà dit / […] / Je l'ai déjà dit que je suis possédée et que je ne veux pas de coépouse / […] / Je l'ai déjà dit à mon mari il a refusé[36].

> Et au moment où la jeune mariée arrivée, une des grandes épouses chante un chant intitulé « combat » qui évoque à la fois la colère de n'avoir pas avoir été avertie du mariage de son mari, la résignation, l'inquiétude et sa volonté de ne pas renoncer à son mari, d'où le titre du chant « combat », qui raconte l'histoire d'une femme enceinte dont l'époux se remarie :

> Combat combat combat / J'ai le combat / Mon mari se remarie / Il ne me l'a même pas dit / […] / La mariée est en train d'arriver / […] / Ont-elles atteint le Parinari Macrophylla / Est-elle mère de deux enfants ? / […] / Est-elle vierge ? / […] / Combat / Nous sommes égales pour lui[37].

La description du chemin exprime l'inquiétude et la résignation de la grande épouse. Cette dernière veut connaître l'endroit où se trouve le cortège de la mariée, afin qu'elle puisse se préparer. En demandant si la nouvelle arrivée est vierge ou déjà mère, elle évoque aussi son inquiétude par rapport à la place qui lui sera désormais attribuée par son mari. En effet, si la nouvelle mariée est vierge, celle-ci sera sans nul doute la préférée. Par contre, si sa rivale est déjà mère, la chanteuse pense que la vie commune sera plus facile, car la coépouse – qui a déjà les seins flasques et le corps ramolli par ses premières maternités – ne pourra pas faire la fière.

---

[36] Za doŋ ay ci za doŋ ay ci za doŋ ay ci / […] / Za doŋ ay ci ay follay ay si ba wayce / […] / Za doŋ ay ci ay kurnye se boŋ a wongu.

[37] Tangami tangami tangami / Tangami go ay ga / Ay kurnye ga hiiji / A day mana ci ay se / […] / Way-hiijo go ka / […] / I to gamsey do ? / […] / Ize hinka nya□o no ? […] / I Hay wondi ciray no ? / […] / Iri nda ga saba a ga.

A la fin[38], la morale collective intervient par des conseils donnés par les femmes mariées à celle qui doit accueillir une coépouse :

> Grande épouse assieds-toi correctement / Le mariage n'est pas un malheur / La causerie n'est pas une bagarre[39] / La causerie n'est pas une bagarre / Prends la cola et mets-la dans ta bouche / Prends la cola et mets-la dans ta bouche / [...] / C'est ta chance qui l'a amenée / [...] / C'est ta petite sœur qui arrive / C'est ta coépouse qui arrive[40].

Le conflit entre coépouses, qui s'affiche à la fois dans les proverbes et dans le chant intitulé « combat », est ici niée. Les coépouses ne sont plus, ne doivent pas être, des rivales mais des sœurs[41]. Ainsi l'autre qui était dénigrée est maintenant intégrée : elles font désormais partie de la même famille. Et le sentiment de frustration face au partage des richesses ne doit pas faire oublier à la femme qu'elle a la chance d'avoir un mari dont les moyens financiers permettent de s'offrir une coépouse.

Les paroles prononcées par les femmes lors d'un *marcanda,* rompent avec la « bienséance conversationnelle » dictée par la société zarma : les émotions ne sont plus contenues, mais affichées et la parole abondante est parfois très directe. Mais comme elles sont énoncées dans un cadre qui leur est propre (temps, lieu), qu'elles sont formulées de manière poétique,

---

38 Normalement, ces conseils sont placés à la fin du rituel, mais ils peuvent également apparaître à d'autres moments.

39 Quand on amène la jeune mariée, la première femme est morte de jalousie. On lui dit d'être digne et de prendre son mal en patience. Elles doivent se comporter comme deux sœurs.

40 Warjida goro ni boŋ ga / Hiijay manti taali / Faakaaray manti yanje / [...] / Ta gooro ga daŋ ni me ra / [...] / Ni bonkaanay ga kand'a / [...] / Ni kayno no ga ka ya / Ni wayco no ga ka ya.

41 Cette conception est celle mise en avant par les hommes qui hustifient parfois le fait de prendre une deuxième femme pour donner de la compagnie à leur première épouse.

sur un rythme élevé, et qu'elles sont mémorisées par les femmes, elles possèdent une « distance symbolique [qui] permet d'isoler l'échange des conséquences qu'il pourrait avoir » (Labov 1978 : 288) et devient par conséquent un rituel.

Le *marcanda*, s'il exprime une conflictualité présente dans un ménage polygame, est donc également jeu. Ainsi lorsqu'on assiste à un *marcanda*, on est à la fois frappé par la violence des propos et l'esprit dans lequel ils sont proférés. En effet, alors même que le contexte est tendu, les femmes paraissent détendues, rient même, et lorsque certaines décrivent la cérémonie, elles soulignent le plaisir qu'elle procure. Ceci s'explique par le fait que bien que le contexte socio-culturel – la polygamie – mette en évidence la conflictualité, le contexte énonciatif montre qu'il s'agit d'un jeu : d'une part, celles qui vivent émotionnellement la situation sont écartées de la joute oratoire.

D'autre part, les insultes ne sont pas « réelles », et souvent apprises lors d'autres *marcanda*. Enfin, la théâtralisation est également un élément essentiel dans le *marcanda*, un élément qui permet de mettre en scène les diverses émotions et situations. Ainsi la femme qui chante « je l'ai déjà dit », chanson déjà citée dans cet article, lorsqu'elle danse, simule la folie ou la possession en se pliant en deux et en se balançant d'un côté à l'autre. Celle qui chante « combat », autre chant déjà cité, danse en montrant son ventre « de femme enceinte », allant parfois jusqu'à mettre des pagnes sous son boubou pour donner l'impression d'être à terme et même jusqu'à simuler l'accouchement.

En dehors de la mise en scène et de la répartition de paroles fixées par la tradition, l'aspect ludique apparaît dans le rythme particulier de profération des insultes (très rapide et syncopé, à l'instar du « rap »), le rythme particulier donné par les nombreuses reprises lexicales et phrastiques, les anaphores rhétoriques, anadiploses et autres épiphores, leur rythme phonique (présence répétée d'occlusives qui scandent l'insulte, rimes) et leur style (emploi de périphrases, synecdoques, métaphores et antiphrases).

Il est également défini par l'esprit d'à-propos des femmes et par le sens de la répartie ainsi que par la créativité dont elles font preuve lors d'une nouvelle insulte. La forme crée une distance qui permet d'entendre le contenu des insultes sans se sentir directement interpellée. Le *marcanda* a donc une fonction exutoire, qui permet aux femmes de faire le deuil de leur situation (elles perdent leur statut d'unique femme ou de dernière épousée) en exprimant leur agressivité et leur tristesse ; une fonction limitée par un cadre énonciatif clair.

Conclusion

Comme on l'a vu, le contenu du *marcanda* montre les tensions et conflits qui existent dans un contexte polygame. Les propos sont violents et expriment la colère ressentie par celle à qui l'on impose une coépouse. Dans un tel contexte, le *marcanda* occupe une fonction sociale essentielle. Il permet en effet aux femmes, qui ne possèdent pas la maîtrise de la vie sociale, d'exprimer ce qu'elles ressentent. C'est ainsi que le *marcanda*, dans son ensemble, souligne les différentes étapes du travail de deuil que doivent effectuer les femmes dont l'époux se remarie : la colère dans un premier temps avec les insultes qu'elles s'adressent entre rivales, la tristesse lorsque la femme chante sa douleur, la résignation lors du chant qui décrit l'arrivée de la coépouse, puis l'acceptation et peut-être – comme le soulignent les conseils qui sont donnés –

la paix et l'harmonie. Ainsi le *marcanda* passe-t-il des insultes aux conseils, de la colère à la relation rationnelle et adulte. On peut donc dire qu'il exprime à la fois des pulsions individuelles (les différentes locutrices mettent en scène la colère et la tristesse éprouvée par celle dont l'époux se marie) et la morale collective (on conseille la première femme sur le comportement à adopter dans un cadre polygame, qu'il lui faut notamment concevoir sa coépouse comme une petite sœur). Cette cérémonie, payée et autorisée par le mari, n'est donc pas la manifestation d'une liberté d'expression, mais un rituel qui permet aux femmes d'accepter le fait qu'elles ne seront peut-être plus, sûrement plus, la préférée.

Bibliographie

Fatouma, Zongo, Amina, Gambi et Aissa, *Marcanda*, enregistré, transcrit et traduit par Sandra Bornand et Fati Guida (manuscrit), 2000.

Labov, William, *Le parler ordinaire. La langue dans les ghettos noirs des Etats-Unis,* Paris, les Editions de Minuit, 1978.

s.n, 1999 : *Marcanda*, enregistré, transcrit et traduit par Sandra Bornand, Hamma Djibo et Fati Guida (manuscrit).

Chapitre 5 : Chants funéraires *moose* et fonctionnalités.

Alice Degorce

La question de la fonction des chants funéraires s'impose rapidement au non-initié qui assiste à des funérailles chez les *Moose* (sg. *Moaaga*)[42] du Burkina Faso, ce genre oral accompagnant près de l'ensemble des rituels mortuaires organisés pour un aîné ou une aînée. Pourquoi chante-on ainsi lors des rites funéraires *moose* ? Le rôle de ce type de chants en Afrique a généralement été abordé sous l'angle de la catharsis qu'ils peuvent offrir à leurs interprètes ou à leurs auditoires, lorsqu'ils permettent de réguler les tensions ou les conflits sociaux. Des fonctions similaires sont-elles attribuables aux chants des funérailles *moose* ? Dans l'hypothèse où ils constitueraient effectivement un exutoire, leur fonctionnalité apparaît néanmoins comme étant plurielle et ne semble pas s'y limiter. Afin d'examiner ce point de vue, nous nous pencherons en premier lieu sur l'examen du déroulement des funérailles *moose*, puis sur celui des textes de leurs chants.

1 - Chants et rites

La prise en compte des rapports entre le contexte d'énonciation et la parole est devenue une évidence aux yeux des ethnolinguistes, que ceux-ci considèrent le contexte culturel et

[42] Les *Moose* sont couramment dénommés « Mossi », selon une appellation francisée. Le terme « *moose* », au singulier « *moaaga* », reprend la transcription du *moore* (langue des *Moose*) préconisée par la sous-commission nationale du *moore* de Ouagadougou. Il est à la fois substantif et adjectif. Les chants exposés dans cet article sont issus d'un travail de thèse de doctorat en cours d'élaboration. Ils ont été recueillis dans le village de Kĩndi (province du Boulkiemde, Burkina Faso) entre février 2003 et mai 2005.

linguistique général ou, plus précisément, l'interaction entre les locuteurs (Calame-Griaule 1970 : 22-47). Les rites constituent dans cette perspective des situations dont la particularité doit être prise en compte : les funérailles *moose*, en plus de constituer des évènements spéciaux, différents des situations quotidiennes, sont mises en place en réaction à une crise, provoquée par un décès. Il importe donc de considérer en premier lieu ce contexte particulier, propice ou non à l'exécution de chants.

Ceux-ci ne sont en effet pas entonnés pour tous les défunts, la morphologie des rites funéraires variant d'une situation à l'autre. Seules les personnes âgées, hommes et femmes, morts des suites d'une maladie ou de vieillesse bénéficient de funérailles s'étalant sur plusieurs mois, voire sur plusieurs années, au cours desquelles certains actes rituels sont accompagnés de musiques et de chants, et où se tiennent, à plusieurs reprises, des veillées rassemblant musiciens, chanteurs et danseurs. Ceux qui meurent d'une mort prématurée ou brutale (jeunes sans enfants, accidents, piqûre de serpent, foudroiement, ...) sont au contraire inhumés sobrement, rapidement et, surtout, en silence.

- Les veillées funéraires

Les premières veillées ont lieu après l'inhumation, appelée dans la langue des *Moose*, le *moore*, *kʋ-toogo*, « les funérailles dans la souffrance ». Si ces rituels concernent une vieille femme, elles sont au nombre de quatre. S'il s'agit d'un homme, elles s'étalent sur trois nuits.

Plusieurs mois ou plusieurs années après, selon les moyens de la famille, de nouveaux rites sont organisés. S'ils concernent une doyenne, les veillées de chants débutent quatre nuits avant le jour désigné pour exécuter ces rituels achevant ses funérailles, appelés *kʋʋre*[43]. Des femmes de son lignage d'origine viennent alors « la chercher ». Elles repartent le lendemain dans le village paternel de la défunte, menées par son fils aîné qui porte un panier symbolisant l'esprit de la morte que l'on ramène ainsi chez elle, contenant ses affaires personnelles (pagnes, calebasses, ustensiles de cuisine,...) et quelques dons d'argent ou de noix de kola. Une femme est généralement inhumée dans le quartier ou dans le village de son mari, où elle s'est établie après leur mariage, la règle de la patrilocalité prévalant chez les *Moose*. Si son corps reste « chez ses maris », son esprit doit par contre être reconduit jusqu'à son lieu de naissance, où des rituels, du nom de « funérailles du panier » (*kʋ-peoogo*), sont organisés quelques temps après, afin de partager ses effets.

Pour un homme, des premiers rites appelés *kʋ-landre* (funérailles de réjouissances) ont tout d'abord lieu. Les descendants du défunt sacrifient des animaux sur son arc et son carquois[44], on lui offre du sel, du sucre et de l'argent, afin de l'apprêter pour son voyage vers l'Au-delà où il emportera tous ces dons. Une première veillée a lieu le soir de ces rituels, puis deux autres nuits de chants lui succèdent. Au matin de la dernière a lieu « la sortie des funérailles » (*kʋ-yiibu*), à l'issue de laquelle le deuil des proches du défunt est levé[45].

Les veillées funéraires débutent tardivement dans la nuit. Les femmes des enfants du (de la) mort(e) (*bi-pagba*) commencent à chanter. Elles s'installent dans la

---

[43] *Kʋʋre* (pl. *kʋya*) est une sorte de terme générique pour désigner ces nouveaux rites.

[44] L'arc et le carquois sont des attributs des hommes *moose*, tandis que le panier est celui des femmes.

[45] Ces deux rituels peuvent parfois être célébrés à plusieurs mois d'intervalles.

cour du défunt ou de la défunte, où elles déposent leurs tambours sur des couvertures posées au sol : des demi-calebasses retournées, qu'elles frappent avec leurs mains, et des tambours d'eau, appelés *ko-libri*[46] en *moore*. Les chanteuses se tiennent debout, en demi-cercle, autour de celles qui battent les tambours-calebasses. L'une d'entre elles, la soliste, lance les refrains des chants, secondée par une autre femme.

Plusieurs couples de chanteuses ou de chanteurs peuvent ainsi se succéder. Les autres participants, généralement des jeunes, hommes et femmes, dansent en en file indienne, tournant dans le sens inverse des aiguilles d'une montre autour des musiciennes et des solistes, et reprenant les refrains en chœur. Les femmes peuvent être relayées par d'autres chanteurs ou chanteuses passés maîtres dans l'art du chant funéraire, et réputés d'un village à l'autre. Plus la nuit avance, plus ces interprètes se livrent à l'improvisation, intercalant des vers de leur composition entre les passages des chants fixés par la tradition.

- Autres chants de funérailles

Si les veillées sont le principal lieu où l'on rencontre des chants lors des funérailles *moose*, d'autres instants sont propices à en entonner. Les femmes des enfants du défunt entrent ainsi en scène au moment de l'inhumation, mais avec un type de chansons un peu différent. Au moment où l'on s'apprête à mettre le cadavre en terre, elles se tiennent à l'écart et chantent, debout, en cercle, autour d'une jarre qui contient l'eau qui doit servir

---

[46] Tambour d'eau composé d'une grande calebasse coupée en deux dans laquelle on verse de l'eau. On dispose ensuite à l'intérieur une autre moitié de calebasse retournée plus petite que l'on frappe avec une louche, d'où le nom *ko-libri* : eau / recouvrir.

à sceller la tombe. Ces chants, qu'elles lancent les unes après les autres, sont rythmés par leurs battements de mains. Les textes en sont relativement courts, les vers brefs, et elles n'improvisent pas.

Elles sont amenées à les reprendre une nouvelle fois, lors des « funérailles du panier » (*kʋ-peoogo*) d'une défunte, où l'on partage ses affaires dans sa famille paternelle. Dans ce cas, ce ne sont plus les femmes des enfants qui mènent la danse, mais celles des frères cadets de la morte, puisque nous sommes maintenant dans sa famille paternelle.

2 - Les textes des chants

L'éventail des thèmes abordés dans les chants de veillées est relativement large, à commencer par des lamentations funèbres (chants appelant à pleurer le défunt, évoquant la mort, etc.). D'autres parlent du défunt, de sa vie et de ses derniers instants. D'autres encore se rapportent à l'histoire du village et à des valeurs fondamentales de la communauté. Enfin, certains de ces chants s'inscrivent dans des registres a priori plus légers, traitant de problèmes quotidiens, et notamment d'amourettes, de polygamie,... Ces derniers thèmes composent l'essentiel des chansons des femmes des enfants et des cadets autour de la jarre ou du panier.

- Chanter pour le défunt

Le mort est le premier à être sujet au rite, et l'on chante tout d'abord pour lui, en parlant de lui. Dans l'extrait suivant, une improvisation enregistrée lors d'une veillée précédant la sortie des funérailles d'un vieil homme, sa personne et sa vie sont directement évoquées :

1. *kũumã pa gõee n nek beoog ye/* la mort n'est pas dormir et se réveiller demain

pa bulg n kee n yit ye/ ce n'est pas un puits où l'on entre pour ressortir
a Raoog sẽn kae wã Raoogo[47]/qui n'est pas là
a ra talla pag n tall biiga /il avait une femme et avait un enfant
bal a pa reeg samd ye / seulement il n'avait pas de dette
raoa Gaston wo/homme Gaston[48], oh
a Raoog raoa dag n menma moogo / l'homme Raoogo avait disparu du monde
bal a yʋʋrã pa menem ye / seulement son prénom n'a pas disparu

Dans la même veillée, le chanteur rappela également à plusieurs reprises les conditions dans lesquelles le vieil homme est mort, en l'occurrence, des suites d'une maladie. Parler ainsi du défunt, de sa disparition permet non seulement de raviver son souvenir, mais aussi de modeler son image et de le rendre conforme au statut d'ancêtre, auquel les funérailles ont pour objet de le faire accéder[49]. Ainsi, dans cette même veillée, le chanteur interpella régulièrement et nommément des fils du mort, qui étaient en réalité ceux de ses frères, le défunt n'ayant lui-même pas eu d'enfants. En assimilant ainsi ses neveux agnatiques[50], le chanteur gomme cet aspect de sa biographie et la rend un peu plus conforme aux conditions d'accomplissement de la personne dans la société *moaaga*

---

[47] Prénom du défunt.

[48] Prénom d'un « fils » du défunt.

[49] Michèle Fiéloux et Jacques Lombard montrent également comment chez les Lobi du Burkina Faso certains épisodes de la vie d'un défunt sont passés sous silence au lieu d'être évoqués lors de ses funérailles, où l'on mime ou symbolise les activités qu'il menait de son vivant, afin que son image corresponde au mieux aux représentations traditionnelles qu'a la société lobi des ancêtres. Fiéloux M. et Lombard J., *Les mémoires de Bindutè Da*, Paris, Editions de l'Ecole des Hautes Etudes en Sciences Sociales, 1998.

[50] Qu'Ego appelle par ailleurs ses enfants (*kamba*) en *moore.*

qui, si elles sont respectées, font que le mort peut devenir un ancêtre à l'issue des funérailles. Le défunt est donc chanté, mais il l'est de la façon la plus élogieuse qui soit, afin de ne pas faire douter l'assistance de son accès à l'ancestralité.

- Chanter pour les morts

Cette façon de présenter le mort dans les chants funéraires s'adresse également aux défunts, qui constituent des destinataires des messages véhiculés dans les veillées. L'interprète du chant cité plus haut glissa ainsi le vers suivant dans l'une de ses improvisations : « je vais parler avec les ancêtres » (« *m na n goma ne kɩmsã* »). Les *Moose* considèrent effectivement qu'ils sont réceptifs à la forme donnée aux funérailles, dans le sens où la manière dont les rituels sont célébrés leur permettrait de savoir si le défunt doit devenir l'un des leurs ou non [51]. Le fait d'effectuer des rites funéraires selon les différentes phases décrites ci-dessus est alors un signe annonçant que le mort doit les rejoindre. Si les rites se limitent à une sobre inhumation, ils sont au contraire sensés reconnaître qu'il s'agit d'une personne décédée prématurément ou brutalement, qui ne peut devenir ancêtre.

L'importance et le faste des rituels, et notamment des veillées funéraires, doivent également témoigner aux yeux des ancêtres de la prépondérance du défunt, et refléter la grandeur du statut qu'il occupait de son vivant. Aussi doit-on témoigner du plus d'entrain possible lors des veillées, et les chants et danses doivent-ils être suivis jusqu'au petit matin. La qualité de cet ensemble musique, chants et danses s'adresse ainsi aux défunts qui ont précédé le mort dans l'Au-delà et, en ce sens, le chanteur peut dire qu'il entame un dialogue avec eux, au même titre

---

[51] Information recueillie auprès d'un prêtre fossoyeur en août 2003.

que les autres participants aux funérailles. Le nombre de sacrifices et d'offrandes faites au mort s'inscrit dans la même perspective : plus ils sont nombreux, plus on témoigne de son importance, mais aussi, plus implicitement, des moyens de ses enfants, et du prestige de ses descendants.

- Chanter pour les vivants

Les vivants sont tout aussi sensibles à ces témoignages de grandeur, et ils demeurent les interlocuteurs privilégiés des chanteurs. Certains refrains paraissent s'adresser tout particulièrement à ceux qui participent aux veillées, leur parlant notamment de la vie et de la mort :

2. *kõn sãam ye, kõn sãam ye*/ne gâteront pas, ne gâteront pas
lʋʋd koabg lʋɩ bulgẽ/cent puisettes tombées dans le puits
kõn sãam koom/e gâteront pas l'eau
koom yaa neere yee/l'eau est propre
koom yaa neere/l'eau est propre
kõn sãam ye/ne gâteront pas

L'un de nos principaux interlocuteurs explique ainsi ce chant :

> Ça veut dire que lorsqu'on puise de l'eau dans un puits, même s'il y a cents puisettes qui tombent, ça ne peut pas empêcher de puiser l'eau. Les gens vont tout faire pour continuer, ne serait-ce que mettre les puisettes en haut. Les balayer, mettre à côté pour pouvoir enlever leur eau. [...] Même s'il y a cent personnes qui meurent, ceux qui vivent vont toujours chercher à se nourrir, c'est-à-dire à survivre, à continuer à vivre[52].

Ainsi, la vie est au final plus forte que la mort. D'autres refrains paraissent par contre plus fatalistes :

---

[52] *Idem.*

3. *kũumã yaa wa voaag zẽedo* /la mort, c'est comme la sauce aux fleurs
de kapokier
yũndẽ yũndẽ : [elle] s'étire, [elle] s'étire
na yũnr n ta neba fã : [elle] va s'étirer et atteindre tout le monde

Cet extrait souligne le fait que la mort, comparée à une sauce aux fleurs de kapokier, gluante et qui s'étire sur plusieurs centimètres quand on s'en sert, peut toucher tout le monde, et qu'en conséquence, elle est l'affaire de tous. Chacun doit donc se sentir concerné par le décès qui touche la famille endeuillée et venir la soutenir, ce que souligne ce chanteur dans une improvisation :

4. *wa kolg n deeg toogã !* venez approcher et prendre la souffrance[53]
pa ned a yembr toogo / ce n'est pas la souffrance d'une personne seule
ad toogã sɩd yaa d fãa toogo/ cette souffrance, en vérité, c'est notre souffrance à tous

Ces deux chants font ainsi appel à la solidarité, rappelant que la mort n'est pas seulement l'affaire d'autrui. Dans les vers exposés plus haut (chant 1), la gravité de la mort était rappelée en préambule à l'évocation du disparu : « la mort n'est pas dormir et se réveiller demain ; ce n'est pas un puits où l'on entre pour

[53] Le terme *toogo*, traduit ici par « souffrance », est employé dans l'expression « *ne y toogo* » avec laquelle on salue lors des funérailles, dont le sens littéral est « avec votre souffrance », mais qui est souvent traduite par « condoléances ». *Toogo* recouvre plusieurs sens : il qualifie en tant qu'adjectif ce qui est amer, dur, difficile, pénible, qui a lieu pendant qu'on est dans la souffrance, qui n'en finit pas, et en tant que substantif (pl. *toodo*) la peine, la douleur, la souffrance, la dureté ou une préoccupation, un souci (Nikièma et Kinda, *Dictionnaire orthographique du moore*, Ouagadougou, sous-commission nationale du moore, 1997, p. 954). « *Toogo* » est aussi employé pour dire que quelque chose coûte cher, est trop coûteux.

ressortir ». Elle constitue l'une des thématiques les plus récurrentes et les plus prépondérantes des chants de veillée. Outre l'exutoire que les chants et les danses peuvent fournir aux participants à ces soirées dans un contexte émotionnel tendu, ces textes contiennent tout un ensemble de représentations culturelles liées à la mort, un regard sur la crise qu'elle suscite et sur la manière d'y faire face.

Les valeurs communautaires et l'histoire sont de façon générale évoquées dans les veillées, comme en témoigne l'épisode de « l'emprunteur de chien », personnage revenant régulièrement dans les récitals des différents chanteurs du village.

> 5. *m kʋmda m ba wo* / je pleure mon père, oh
> *m kʋmda m ba wo*/ je pleure mon père, oh
> *a ba-rɛɛgdo kʋmda m ba yee*/ l'emprunteur de chien pleure mon père ! »[54]
> *a pa na n leb yã baag*/ il n'aura plus de chien
> *a pa na n leb yã baag n kɛ moogo*/ il n'aura plus de chien pour aller dans la savane

Ce texte se réfère à une anecdote concernant un homme du village qui, il y a bien longtemps, partit chasser dans la savane avec son chien, où celui-ci se fit tuer par un lion. De retour au village, l'homme ne cessait de pleurer son chien, ce qui finit par agacer les gens, qui lui firent remarquer : « mais qu'est-ce qu'un chien ? Ce n'est pas un homme ». Il continua néanmoins à pleurer et à se plaindre, disant qu'il n'aurait plus de chien pour aller en brousse. Finalement, son aventure devint un refrain et un exemple de mauvaise conduite bien connus des villageois.

Avec ces épisodes historiques et moraux qui ont marqué la mémoire collective, nous glissons peu à peu des

---

[54] « *Ba yee* ! » est aussi une onomatopée exprimant les cris et les pleurs.

thèmes funèbres à ceux qui se rapportent à la vie quotidienne et qui s'adressent directement aux vivants, suscitant bien souvent leurs rires. Lors des veillées, certains chants évoquent ainsi ces problématiques, notamment celles qui ont trait à la polygamie :

6. *pʋg-beoog*[55] *rɩgsd zũun wo/* la femme qui n'est pas aimée ramasse des noix de karité, oh
yãnglg yãnglg woto/ maigre, maigre comme ça
m pa yãa a kaam lengre/ je ne vois pas son plat d'huile de karité
yãnglg yãnglg woto /maigre, maigre comme ça
n bas n yãas yẽnd yãgn/ et [elle] écarte ses dents de travers
tɩ paga wa reeg beel/ que la femme vienne prendre des salutations
t'a kolg n yãas nin kuglgu/ elle s'approche en écartant ses gros yeux

Les chants des femmes des enfants et des cadets autour de la jarre ou du panier funéraire se rapportent essentiellement à cette dernière thématique, comme en témoigne ce dernier extrait, traitant de problèmes d'amants :

7. *ra la ye, sɩda/* il ne faut pas se moquer, en vérité
ra la ye e/ il ne faut pas se moquer, eh
tõog n dɩk m dol n zoetẽ yee/ on a pu prendre mon amant et s'enfuir
ra la ye/ il ne faut pas se moquer

Ainsi, les sujets des chants sont relativement diversifiés, l'éventail thématique s'étendant du registre funèbre proprement dit à ces derniers textes, ancrés dans le quotidien, et dans la vie.

---

[55] Femme qui n'est pas aimée par son mari dans une famille polygamie.

3 - Les fonctions plurielles des chants

- Les chants comme exutoires

Les textes des chants de veillées funéraires apparaissent en premier lieu comporter une dimension cathartique. Ainsi, ceux qui ont trait aux lamentations funèbres et, plus généralement, tous ceux qui parlent de la mort, à la fois en général ou de celle qui a touché un proche, paraissent constituer un exutoire, mettant en mots et en vers l'angoisse existentielle qu'elle représente. Les danses et la musique participent ainsi à susciter cette décharge émotionnelle, qui apparaît comme un passage obligé des rites de la mort.

La catharsis se présente ainsi sous un aspect différent de celui qui a été cité plus haut, où elle était en lien avec des situations de conflits. Dans les exemples exposés ici, elle paraît plutôt concerner des émotions provoquées par la mort et les rites, bien que l'éventualité du traitement d'une dimension conflictuelle ne soit pas pour autant à exclure[56]. Toutefois, la fonction des chants funéraires *moose* ne semble pas se limiter à cet aspect et ne saurait être envisagée au singulier.

- Dialogues avec les vivants et les morts

Une autre de leurs fonctionnalités réside dans le fait qu'ils constituent, au même titre que la grandeur donnée aux rites funéraires, un message adressé aux morts, signifiant non seulement son importance, mais aussi celle de ses descendants, qui organisent les funérailles les plus prestigieuses possibles, sachant que les participants sont tout aussi réceptifs à cette image que l'on cherche à donner au défunt, et que sa famille donne d'elle-même par la même occasion. Ainsi, l'engouement des participants et

---

[56] Nous n'avons, pour l'instant, pas rencontré de chant de ce type sur le terrain.

l'atmosphère de liesse qui se dégagent des veillées, le nombre des chanteurs et des chanteuses, et la qualité de leurs interprétations sont autant de signes témoignant de la prépondérance du mort.

Ce point nous pousse à considérer, à l'inverse, l'une des fonctions du silence. En effet, les rituels exécutés pour inhumer les personnes décédées d'une mort brutale ou prématurée, en plus d'être sobres et brefs, ont pour caractéristique d'être silencieux, sans musique et sans chants. Il s'agit là de marquer la différence avec les défunts destinés à devenir ancêtres, non seulement aux yeux de leurs semblables ayant déjà accédé à ce statut, mais aussi, pour qu'une telle mort ne se reproduise pas. Célébrer ces funérailles avec faste équivaudrait à accepter ce type de décès, voire à le cautionner et à l'autoriser à se répéter encore et encore.

Ainsi, les chants, ou plus exactement la manière de les exécuter (ou non), apparaissent en premier lieu comme un message, adressé aux morts, à la mort, mais aussi aux vivants qui assistent aux funérailles. Pour mieux comprendre le rôle qu'ils jouent auprès de ces derniers, il importe alors de non plus se pencher seulement sur leur aspect formel, c'est-à-dire sur la manière dont ils sont entonnés et sur leur contexte d'énonciation, mais aussi sur leur sens.

- *La transmission des valeurs culturelles et des identités*

Un large éventail de thématiques, allant de la mort, du registre funéraire à proprement parler, jusqu'à la vie, notamment la vie quotidienne, en passant par des questions philosophiques, morales ou historiques, se dévoile alors. Les chants ayant trait à la mort, en plus de remplir une fonction cathartique, nous semblent associés à un autre rôle, consistant à transmettre les valeurs de la société *moaaga*. Ils véhiculent ainsi des représentations de la vie et de la mort, mais aussi des questionnements problématiques quotidiens, dont relève par exemple le chant sur la *pvg-beoogo*, la femme mal aimée par son mari dans une polygamie.

La morale est également exprimée dans ces chants, comme en témoigne le personnage de « l'emprunteur de chien ». Des épisodes historiques ou les généalogies des participants, peu représentés dans cet article, sont aussi régulièrement évoqués par les interprètes. Le contenu des chants, leurs textes, font ainsi des funérailles un lieu privilégié de transmission des valeurs, mais aussi de l'histoire, des l'identité et de la langue des *Moose*, les chanteurs maniant cette dernière avec habileté. Certains, touchés de moins près par un décès, peuvent ainsi se rendre aux veillées funéraires pour simplement s'asseoir et écouter les chants, ou pour les enregistrer à leur usage personnel.

Conclusion : de la mort à la vie

Les différents chants funéraires semblent finalement articulés autour de la tension entre deux principaux registres, ayant trait à la vie et à la mort, qui constituent deux sortes de pôles entre lesquels se déclinent les autres thématiques. Toute l'action rituelle apparaît sous-tendue par cette articulation, et plus précisément par le passage de la vie à la mort et de la mort à la vie que les rites funéraires doivent opérer.

Le défunt passe tout d'abord de la vie à la mort, dans laquelle il entamera néanmoins une nouvelle existence, à l'état d'ancêtre. Pour ses proches frappés par le deuil et soumis à des interdits le temps que dure celui-ci, tels les interdits sexuels qui touchent les veuves, un retour progressif à la vie normale doit s'effectuer tout au long des rituels, jusqu'à la levée de deuil. Ainsi, les chants accompagnent ces transformations, qui doivent s'effectuer peu à peu, au fil des rites : leurs textes participent à guider les vivants dans ce processus, tant les proches du mort que les autres membres de la communauté qui les aident à passer outre la crise.

Leur fonctionnalité apparaît en ce sens aller au-delà de la catharsis, qui constitue dans cette perspective une sorte d'étape émotionnelle, incluse dans le processus des rites funéraires. Plus qu'une dimension exutoire, les chants funéraires *moose* apparaissent composés de textes porteurs de représentations permettant aux vivants de réagir face à l'angoisse suscitée par la mort d'un proche.

Les premiers chants des veillées sont ainsi des chants de lamentations funèbres, qui peuvent avoir une fonction cathartique. Mais peu à peu, des thèmes relatifs à la vie sont introduits, pour finalement aboutir, dans le cas des funérailles d'une femme, aux chants des *bi-pagba* (femmes des enfants) autour du panier de la défunte, qui parlent de la vie quotidienne, d'amour, etc. Ils permettent ainsi de réinvestir peu à peu la vie, suivant en cela le déroulement des funérailles en tant que rites de passage, qui touchent autant les vivants que le mort.

Bibliographie

Bornand, Sandra, Le discours du griot généalogiste chez les Zarma du Niger, Paris, Karthala, 2005.

Calame-Griaule, G., « "Prends ta houe mon frère". Chants funéraires dogon. », Chanter la mort, Cahiers de littérature orale, Paris, INALCO, 27, 1990, p. 77-88.

Calame-Griaule, G. « Pour une ethnolinguistique des littératures orales africaines », Langage, 18, 1970, pp. 22-47.

Dupire, M., « Une morale féminine ? Chants funéraires sereer ndut (Sénégal) ».

Goffman, E., « The Neglected Situation », American anthropologist, vol. 66, n°6, Part II (Special Issue), 1964, pp. 133-136.

Leguy, C., Le proverbe chez les Bwa du Mali. Parole africaine en situation d'énonciation, Paris, Karthala, 2001.

Siran, J.–L., « Les énoncés ne sont pas des choses, mais des événements », Journal des anthropologues, n° 57-58, 1974, pp. 107-117.

Tonckers, D., Carré, R., et Dafrè, M.-Cl., (dir.), Femmes plurielles. Les représentations des femmes : discours, normes et conduites, Paris, Editions de la Maison des Sciences de l'Homme, 1999, pp. 151-161.

Thomas, L.-V., « Mort et oralité en Afrique Noire », Chanter la mort, Cahiers de littérature orale, Paris, INALCO, 27, 1990, pp. 13-42.

Vangu Ngimbi, I., Jeunesse, funérailles et contestation socio-politique en Afrique (le cas de l'ex-Zaïre), Paris, L'Harmattan, 1998.

Chapitre 6 : Les chants d'initiation dans le rituel du cisungu en Zambie

Anne-Marie Dauphin-Tinturier

Dans la région de parler bemba, jusqu'au milieu du vingtième siècle, l'initiation des filles ou *cisungu* était le rituel le plus marquant des rites de passage qui structuraient la vie des individus ; ce rituel s'inscrivait dans un processus d'initiation généralisée, depuis le statut d'enfant jusqu'au statut d'ancêtre, but ultime et respectable de la vie. Cette notion était visualisée, dans l'un des premiers rites de l'initiation des filles, sous la forme d'un modelage d'argile parsemée de morceaux de charbon et de haricots, représentant un cône central entouré de trois couronnes concentriques de petites cases que les femmes parcouraient selon leur âge, sans en abîmer les bords (A.-M. Dauphin-Tinturier, 1993 : 186, 2003 : 191).

La première phase, associée à la partie extérieure du modelage, correspondait à l'enfance et se terminait par la mise en place d'un accord entre deux familles, sous l'égide d'une tierce personne, qui marquait ainsi le début des « fiançailles » (E. Labrecque, 1934) ou (A. I. Richards, 1982 : 48). La deuxième phase, représentée par la couronne extérieure, se traduisait par une union souvent temporaire entre un jeune garçon et une jeune fille, auprès de la famille de cette dernière, qui assurait l'éducation finale du couple. Le temps fort de cette période était marqué par l'initiation de la jeune fille ou *cisungu,* qui précédait de peu le « mariage » ou *ubwinga*.

La troisième phase était commune aux hommes et aux femmes et se terminait par le *kwingisha*, rituel autorisant le couple à prendre son indépendance vis-à-vis des deux familles après la naissance d'au moins trois enfants. La quatrième phase se déroulait du *kwingisha* à la mort de l'un des conjoints. Cette période était marquée dans un premier temps par l'arrivée du premier gendre ou le départ du premier fils, impliquant un rôle important de la femme en tant que belle-mère, puis dans un second temps, l'âge venant, cette dernière renonçait à une partie de ses obligations familiales et se situait désormais en tant que grand-mère. La dernière phase, représentée par le cône central, correspondait à la vie après la mort, en tant qu'ancêtre.

Le *cisungu* était avant tout un rite de passage, censé traiter la jeune fille, comme une plante qui se développait grâce à un enseignement reçu. Il est d'ailleurs préférable de parler de la découverte de nouvelles notions plutôt que de l'exercice d'apprentissages, adressé à la très jeune fille et rappelé aux femmes plus âgées. Il s'agissait de maîtriser la manière de parler d'un adulte et le vocabulaire relatif aux concepts nouveaux que l'initiée serait amenée à découvrir au cours de sa vie d'épouse et de mère, en particulier elle devait dominer les attitudes socialement approuvées pour se situer à l'intérieur des relations de parenté et d'alliance et entrer dans la hiérarchie des femmes du village.

Le rituel[57] dont la durée a évolué au cours du siècle passé (de six mois à quelques jours), se déroulait en deux

[57] De ce rituel, il existe une dizaine de descriptions plus ou moins complètes, dont celle d'Audrey Richards, qui se réfère à une observation de 1931, publiée en 1957 et rééditée en 1982 et qui est de loin la plus exhaustive. Cette analyse est remarquable par la qualité de la description ethnographique, mais l'interprétation, au moment de la publication, reste tributaire des informateurs masculins qui ont aidé A. Richards à compléter la signification des chants d'initiation, exprimant ainsi une norme masculine du rituel. Les données présentées ici proviennent également de deux articles relatant deux observations : en 1989, dans la même région que celle observée par

temps – une période de préparation plus ou moins continue et une cérémonie finale, en partie dans une zone boisée, pas trop éloignée du village, en partie au bord d'un ruisseau, en partie dans une maison du village, possédant si possible une grande cour où pouvaient s'effectuer certains rites et permettre aux trop nombreuses femmes de participer au rituel. L'organisatrice en était la maîtresse d'initiation ou *nacimbusa,* littéralement mère des « *mbusa* », terme qui met en valeur une des trois fonctions des femmes[58] ; parmi ses multiples tâches, la maîtresse d'initiation faisait fabriquer les différents *mbusa,* ou productions symboliques, et dirigeait les chants et les danses qui accompagnaient la présentation de ces symboles. Elle jugeait également de la qualité de l'éducation que la mère avait transmise à sa fille et représentait l'ensemble des femmes qui désormais entouraient la jeune fille et la conseilleraient au cours de sa vie.

Pendant la période de préparation, chaque rite était expliqué souvent assez longuement et travaillé par la novice, qui apprenait, en même temps que la signification, de manière pratique, à fabriquer l'objet, à mémoriser le texte du chant, à exécuter les pas de danses ou les postures acrobatiques qui accompagnaient la présentation du *mbusa,* au moment de la cérémonie finale, dont la durée avoisinait les vingt-quatre heures.

A. Richards - village de Kopa près de Chinsali - (A.-M. Dauphin-Tinturier, 1993) et en 1998, dans une ville de la Copperbelt – Kitwe - (A.-M. Dauphin-Tinturier, 2003).

[58] Hinfelaar (1989 : 7-12) tente d'expliquer le fonctionnement de la société par le rôle des femmes au cours du XXème siècle et met en évidence les trois fonctions qu'elles assument dans le nord de la Zambie : responsabilité de la maison, maintien de la pureté et transmission de la culture.

Un accompagnement de tambour, joué par un groupe de femmes, soulignait la structure classique des chants d'initiation, soit à quatre énoncés [-/-//-/-//], soit à six énoncés [-/-//-/-//-/-//], où / est un temps court et // est un temps long, séparant les énoncés successifs. Ces chants étaient proférés à deux voix, en alternance, et entonnés successivement par des personnes différentes. En général une personne âgée qui pouvait être une ancienne maîtresse d'initiation ou la maîtresse d'initiation en personne, lançait le premier énoncé, le chœur des autres femmes répondait alors en chantant le second énoncé et ainsi de suite. Souvent un même chant était repris plusieurs fois de suite. Il ne peut être question de présenter ici un recueil complet[59], mais seulement de donner quelques exemples.

Plusieurs chants reviennent fréquemment et ponctuent le déroulement du rituel pour marquer certaines actions ou certaines étapes.

En particulier le chant suivant AR13[60] :

Kuapa takacila kubea	L'aisselle n'est pas plus haute que les épaules

Pendant que les femmes le chantent pour la première fois, la novice s'empare avec la bouche de graines fixées sur un cercle de feuilles ; elle en donne à la maîtresse d'initiation puis à chaque femme par rang d'âge. Ce chant, associé à d'autres épreuves, revient à plusieurs reprises, au cours du rituel et rappelle régulièrement qu'il est impossible de renverser l'ordre de l'aisselle et de

[59] Les recueils les plus longs comptent une centaine de chants. 80 furent enregistrés lors de la cérémonie finale de Kitwe.

[60] Le sigle AR renvoie aux chants recueillis par Audrey Richards, dans l'ordre où ils apparaissent dans « cisungu » ; AMDKo renvoie aux chants recueillis par Anne-Marie Dauphin-Tinturier à Kopa, et AMDKi à ceux recueillis à Kitwe.

l'épaule, comme il est impossible de donner plus d'importance à une personne jeune qu'à une personne plus âgée.

On peut également citer le chant AR 14[61], qui introduit tous les rites d'ostentation de symboles au-dessus de la tête de la novice :

Tolela nando	Que je le montre,
Tolela na mulimo,	Que je le montre avec ma bouche
Mbusa yandi.	Mon emblème (mbusa)

Il faut noter que, dans la plupart des épreuves, la prise d'objets se fait avec la bouche, ce qui rend l'opération relativement difficile.

A côté de ces chants répétitifs, il existe de nombreux chants qui n'apparaissent qu'une fois dans le rituel et qui accompagnent des rites précis, associés à des exercices de plus en plus difficiles au fur et à mesure du déroulement du rituel. Les thèmes utilisés sont très diversifiés ; parmi ceux-ci, signalons l'assimilation de la novice à un animal, dont elle endosse temporairement les traits caractéristiques.

Ainsi, au début du rituel, la jeune fille est comparée à un singe et le chant AR1 accompagne le déplacement des femmes en file indienne (deux pas en arrière, trois pas en avant), qui se rendent dans une région boisée ; de plus, ce même chant est repris à chaque arrivée dans un nouvel endroit (bord de rivière, maison) et est également utilisée dans la troisième partie du rituel, au moment de l'entrée dans la maison, associé à une marche à reculons.

[61] Le verbe *ukulela* a comme premier sens prendre soin, élever, faire grandir et finalement monter un objet et dans le cas présent le montrer, en espérant faire grandir la novice.

Twingile shani?	Où allons-nous?
Twingile mipempe	Nous allons dans les herbes.
Nga bakolwe.	Comme les singes.

Dans le chant AR11, la jeune fille doit grimper dans un arbre spécifique, à l'envers les pieds en haut, la tête en bas et attraper des paquets de feuilles, représentant des fruits. Cet exercice est très difficile et caractérise une novice encore inexpérimentée qui a tout à apprendre.

Kolwe kulya kwakwe,	Le singe mange tout,
Kwa mutali sha;	Il nous met dans une situation difficile;
Eya nine ku mukolobondo.	C'est pour cela qu'il grimpe au mukolobondo.

Dans le chant AR12, la novice peut encore faire appel à sa mère. Elle ne fait pas encore partie de la communauté des femmes.

Kolwe ita nyina.	Le singe appelle sa mère.

Beaucoup d'autres animaux, auxquels la novice s'identifie en bien ou en mal, apparaissent régulièrement tout au long du rituel, par exemple le cochon, la pintade, le poisson la tortue et d'autres encore. Mais à coté de ces chants assimilateurs, il en existe d'autres qui rappellent les droits et les devoirs des différents membres de la famille.

Ainsi certains chants intériorisent des situations difficiles à venir, comme la présentation du mari sous les traits d'un lion dangereux au début du mariage, domestiqué par la suite, sous les traits d'un coq.

Le lion apparaît à plusieurs reprises sous les traits d'un chasseur, ainsi au début de la soirée dans la maison.

Nalonsha inama yandi	J'ai apporté du gibier
Taibula mwine walasa	Je l'ai transpercé

Dans la version traditionnelle du rituel, observé par Audrey Richards, il est devenu un coq :

Mukolobwe	Coq
Nga waya	Si tu arrives ici
Iseni twangale	Viens, jouons

« Jouons » est un euphémisme pour parler de l'acte sexuel que proposent les femmes. L'aventure se termine mal pour le coq, puisque suivant les variantes il est soit mis à mort par la maîtresse d'initiation (version très ancienne et version observée à Kitwe) ou par la novice (version observée par Audrey Richards).

D'autres chants s'adaptent à de nouvelles situations comme certains chants sur le danger du virus VIH, recueilli pendant la cérémonie finale, à Kitwe. Ainsi, le lion apparaît en début de soirée, mais l'accent porte sur le danger que des relations sexuelles avec lui représente et le rituel est modifié, il n'est plus question de tenter de le domestiquer, ainsi AMDKi52 :

O mondo	O Lion
Mondo walila ubukali	Lion tu me fais pleurer de peur
Abuusha buno	Il me demande d'être nue

La maîtresse d'initiation ne présente plus le lion, comme un mari possible ; il devient le danger absolu. En tuant elle-même, le coq, substitut du lion, elle reprend en charge le choix du mari.

Conclusion

Ces changements montrent la capacité des femmes à se responsabiliser et à évoluer, en assimilant de nouvelles connaissances et en les transmettant selon un code traditionnel, par la création et le maniement de nouveaux symboles et par l'adaptation d'anciens à l'éthique qu'elles veulent promouvoir. L'utilisation de l'initiation des filles, en tant qu'activité signifiante représente un potentiel important et il serait intéressant d'analyser plus en détail le rôle de ce rituel en particulier dans sa fonction de sensibilisation des très jeunes filles et de rappel des enjeux vitaux vis-à-vis des femmes plus âgées. De plus dans le rituel observé à Kitwe, les novices étaient toutes des orphelines qui risquaient un relatif isolement dans leur société ; après l'initiation, elles pouvaient s'intégrer plus facilement dans les hiérarchies féminines et y recevoir un soutien constant.

Bibliographie

Dauphin-Tinturier, Anne-Marie, 1993, *La femme, le lion et le prêtre.* Les trois fonctions de la femme dans le nord de la Zambie, *Cahiers de Littérature Orale*, n° 34, INALCO, p. 177-221.

Dauphin-Tinturier, A.-M., 2003, *Cisungu à nouveau. Initiation des femmes et structure sociale (bemba, Zambie)*, *L'Homme*, 167-168, juillet-décembre 2003, Paris, p. 187-207.

Hinfelaar Hugo F., 1989, *Religious change among Bemba speaking women of Zambia*, Boston Spa, Wetherby, West Yorkshire, British Library Document Supply Centre. [Thesis (Ph.D.)-University of London, 1989 - Facsimile ed.].

Labrecque Edouard, 1934, La religion du Noir Infidèle. Coutumes matrimoniales chez les Babemba, in *Bemba Cultural Data Part I*, Ed. Oger L., Ilondola, The Language centre.

Richards Audrey I., 1982, *Chisungu : a girls' initiation ceremony among the Bemba of Zambia*, Social science paperback, London ; New York, Tavistock. xl, 224 , [14] of plates. [Audrey I. Richards ; introduction by Jean La Fontaine. Reprint. Originally published : London : Faber and Faber, 1956.].

Chapitre 7 : La femme dans *les Contes* de Birago Diop

Alice-Delphine Tang

Que ce soit par sa présence ou par son absence, la femme joue très souvent un rôle primordial dans les contes africains tout comme l'enfant ou les bêtes. Les contes sont en Afrique les moyens par excellence qui permettent de prendre connaissance de la vie sociale. Des lois régissant cette vie servent aussi à la transmission des savoirs et à la régulation des mœurs.

Dans l'univers africain, la femme est considérée comme une gardienne de l'intégrité morale, une consolatrice des membres d'une famille donnée et surtout une nourrice. Les travaux domestiques lui incombent exclusivement parce qu'il est scandaleux de voir un homme s'acquitter de telles tâches. Comme épouse ou comme mère, elle est au service de toute la famille. Mais, hormis ce rôle que lui assigne la société et qui fait sa noblesse, elle draine tout un ensemble de croyances et d'images dans cette société. Les contes en général et ceux de Birago Diop en particulier rendent bien compte de cette image ambivalente de la femme en Afrique.

1 - Le problème de la dot

Certes, la dot a toujours été considérée, par ceux qui portent un regard étranger sur l'Afrique, comme un signe de l'asservissement de la femme. Elle ferait de celle-ci un objet qu'on achète. Chaque fois que cet élément apparaît dans une œuvre africaine, il est vite assimilé à la marginalisation de la femme africaine. Pourtant on voit dans *Madame Bovary* de Gustave Flaubert, Madame Dubuc qui est très convoitée par les hommes malgré son physique fantomatique, parce qu'elle possède une dot intéressante. Mais ce n'est pas pour autant que ces hommes sont considérés comme des marchandises. En Afrique, la dot est un symbole de la valorisation de la femme et même de l'homme. Ce dernier doit déployer des efforts pour mériter la femme. L'Afrique traditionnelle n'assimile pas la dot à l'argent nécessairement : mais, c'est un échange de cadeaux entre les deux familles des futurs mariés. Et, rassembler les objets de la dot est pour chaque jeune homme un signe de maturité. Le célibat a toujours suscité de la suspicion dans cet univers. Dans le conte *« Liguidi-Malgam »*, Nitjéma-le-vieux fait l'objet de commentaire et ne peut pas jouir des privilèges de sa génération parce qu'il est célibataire :

> Il n'avait pu, comme beaucoup de sa génération, se constituer une dot pour prendre femme après avoir fait, trois fois, le voyage à pied vers Bawku et Kumassi. Et célibataire, il s'était échappé comme beaucoup d'autres, vers le cœur du Soudan, Mais il ne fut jamais à Bamako, le vrai Bamako dont il entendit, pourtant, tant de fois parler durant son exil. (Birago Diop : 1969 : 37)

On voit ici que Nitjéma-le-vieux a été quelque part négligeant et partisan du moindre effort. Il n'a donc pas voyagé pour étudier et comprendre le monde. Par contre, il est allé chercher vers les plaines du Nord une étrangère dont la culture et l'éducation sont aussi étrangères à Liguidi-Malgam. La dot est dans ce conte comme un contrat entre deux familles qui se connaissent. Il est aussi un gage qui oblige le mari à prendre soin de son épouse. Le divorce doit être fondé pour que la dot soit remboursée. La famille de la fille a alors l'obligation de donner une bonne éducation à celle-ci, c'est-à-dire à la préparer pour le mariage. Tous les malheurs que Nitjéma-le vieux va connaître avec sa femme Awa proviennent du fait qu'il voudrait se marier sans dot. La dot valorise la femme en ce sens qu'elle est parfois une preuve d'amour. Nous retrouvons également dans ces contes d'autres mythes féminins à l'instar de la langue et de la vieillesse.

2 - La langue de la femme

L'expression « tu bavardes comme une femme » est très utilisée en Afrique. Dans le conte *« Le salaire »*, Diassigue-le-Caïman pense ceci à l'endroit des femmes qu'il entend passer du retour de la source où elles sont allées puiser de l'eau :

> Ces femmes, qui avaient certainement plus abattu de besogne avec la langue qu'avec les mains, parlaient et parlaient encore. (Birago Diop : 1969 : 21)

Cette pensée de Diassigue-le-Caïman révèle l'imaginaire collectif sur la femme qui est considérée comme naturellement très bavarde. Et lorsqu'en plus elle est une étrangère comme Awa la femme de Nitjéma-le-vieux, son bavardage devient une légende. Awa a reçu de son mari et de tous les habitants de Liguidi-Malgam des noms inimaginables. Le narrateur du conte raconte qu'elle n'était que « cris, jérémiades, récriminations » (Birago Diop : 1969 : 37).

Le bavardage de Awa avait atteint des échos dans toute la contrée au point où son mari ne la désignait que par un démonstratif de peur de citer son nom : « Celle-ci ! dit Nitjéma-le-vieux en pointant son index noueux et tremblant vers la vieille Awa » (Birago Diop : 1969 : 37). C'est comme si en nommant sa femme colporteuse il risquait de déclencher ses jérémiades. Awa est une femme qui ne sait pas garder de secret. L'embarras de Nitjéma-le-vieux quand il trouve une grande quantité d'or dans son champ vient de cette maladie du colportage de sa femme. Mais avec la ruse du lièvre, il a contourné la difficulté liée à ce mauvais caractère d'Awa. A la fin, celle-ci a été prise pour une folle.

Comme la fable, le conte a pour but d'amuser et d'instruire. La fonction ludique permet de communiquer avec un nombre important de personnes et de les maintenir en éveil, car les contes se disent dans la soirée. Mais il existe aussi une fonction didactique qui consiste à transmettre une sagesse pour atténuer les sorties verbales des personnages féminins.

Cependant, le bavardage de la femme n'est pas totalement réprimé. Dans le conte « Le salaire », c'est grâce à ce bavardage que la population a su que la fille du roi était tombée dans l'eau :

> Elles disaient en se lamentant que la fille de roi était tombée dans l'eau et qu'elle s'était noyée, que fort probablement, c'était même certain (une esclave l'avait affirmé) dès l'aurore, Bour-le-Roi allait faire assécher le marigot pour retrouver le corps de sa fille bien-aimée). (Birago Diop : 1969 : 21)

Autrement dit, par son bavardage, la femme peut informer, alerter et changer positivement une situation urgente. L'information, quoique dite dans un contexte de commérage, est souvent fondée. Dans le conte « Le salaire », la fille du roi a été trouvée morte :

> Le lendemain, on avait, en effet, asséché le marigot, et on avait, de plus, tué tous les caïmans qui l'habitaient; et, dans le trou du plus vieux, on avait retrouvé le corps de la fille du roi. (Birago Diop : 1969 : 21)

3 - La vieille femme

La vieillesse est associée à la sagesse dans la culture africaine, surtout lorsqu'elle concerne l'homme. Mais en ce qui concerne la femme, la vieillesse prend des connotations assez défavorables pour son image. En général, la vieillesse chez la femme s'associe à l'ésotérisme, à la sorcellerie. Les contes vulgarisent cette image même lorsque la vieille femme pose un acte louable. C'est qu'en fait, derrière tout acte posé de la vieille femme se cache l'idée d'un pouvoir mystique.

Dans le conte « L'héritage », trois orphelins ont reçu de leur défunt père un héritage composé de trois outres, renfermant respectivement des bouts de cordes, des pépites et de poudre d'or puis du sable. Ce contenu est insignifiant au regard de ce qu'on entend par héritage dans la culture africaine et compte tenu du fait que c'est au moment de mourir que le vieux Samba a montré ces outres à ses rejetons. Certainement que les trois frères ont évalué le contenu de leurs outres en termes d'argent avant de les découvrir. Face à une telle situation, le bon sens recommande de consulter les sages ou les marabouts. C'est ce qu'ils firent. Malheureusement pour eux, « les vieux, dont la sagesse était grande ne purent leur expliquer ce que Samba mourant n'avait pu leur dire » (Birago Diop : 1969 : 28). Ils ont entrepris de marcher et parcourir tous les villages, car selon eux, « qui marche longtemps, voit beaucoup » (Birago Diop : 1969 : 28). Ils marchèrent pendant neuf jours et au dixième jour ils virent le tout premier signe qui allait amorcer une explication au mystère de leurs outres : « une biche qui n'avait que trois pattes et qui se sauva à leur approche, s'arrêta plus loin, semblant les narguer » (Birago Diop, 1969 : 28). Cet étrange animal est une vieille femme, très vieille qui après s'être informée sur la destination de leur voyage leur apprend qu'ils y sont déjà et que c'est là où se trouve Kém Tanne le vieux sage, l'homme qui sait tout aux dires des vieillards de leur village.

Le village de Kém Tanne est un village lointain localisé dans un pays invisible. Dans cet univers animiste, l'homme qui sait tout est assimilé à une divinité. Et, c'est la femme qui introduira les trois orphelins dans ce monde surnaturel. La vieille femme qui accueille ces trois orphelins est un être qui subit des métamorphoses. Elle a le pouvoir de prendre un visage humain comme elle peut prendre une nature animale. Par le fait que la biche en question se tenait sur trois pattes au lieu de quatre, les trois frères devaient comprendre qu'il ne s'agissait pas d'une bête naturelle. Les vieilles femmes sont réputées être des sorcières, des gens ayant une influence surnaturelle sur la vie des hommes. Même lorsqu'elles ne vivent pas dans un monde surnaturel comme cette biche à trois pattes, elles ont un comportement de sorcière, c'est-à-dire d'êtres qui causent du mal aux autres à travers leur comportement. Comme Awa est une colporteuse, son mari Nitjéma-le-vieux la compare à

> Noaga-la-vieille, la première épouse du père du grand-père de l'arrière-arrière-arrière grand-père de mon père, la première femme de Nitjéma-l'Ancien, ronchonneuse et pleurnicheuse, fainéante et dépensière, méchante et rapporteuse. Exactement comme la plus ancienne des femmes de mon clan. (Birago Diop : 1969 : 38)

Ces propos de Nitjéma-le-vieux contiennent des éléments temporels qui font remonter au temps ancien, un temps très reculé pour que le lecteur imagine l'état de la vieillesse de Noaga-la-vieille. Awa même que son mari compare à Noaga-la-vieille est une vieille femme. Noaga a voulu faire chanter son mari en allant propager la nouvelle selon laquelle ce dernier a trouvé de l'or dans son champ. Mais, la sagesse du lièvre a permis à ce dernier d'éviter de justesse la colère des vieux de tout le village et en fin de compte, c'est la femme qui a été tournée en ridicule.

4 - La mauvaise épouse, la marâtre

La polygamie fait partie des réalités et des conventions dans la culture africaine. Mais lorsqu'un homme perd sa première épouse et que celle-ci lui laisse des orphelins, de fortes suspicions pèsent presque toujours sur celle qui prendra la place de la défunte épouse. Dans les contes, elle est toujours présentée comme une marâtre. Cette image est récurrente dans les contes africains. Mais en plus de celle-ci Birago Diop a fait ressortir l'image de la mauvaise épouse qui s'oppose à celle de l'épouse généreuse :

> La mauvaise épouse, la méchante femme au milieu des richesses de son mari. L'aigreur de son caractère, son égoïsme l'empêchent de jouir de ses biens et elle n'offre rien de bon cœur. Vos cheveux n'ont pu ni boire cette eau, eau abondante mais amère, ni manger cette herbe qu'arrosait du fiel. Nul ne mange avec plaisir un mets préparé sans cœur. Le don rend l'être meilleur, et qui ne sait donner ne peut avoir du bonheur. (Birago Diop : 1969 : 29)

Ce qui apparaît dans cet extrait de « L'héritage » comme méchanceté de la femme montre la relativité du jugement sur la femme. Cette relativité obéit à des valeurs culturelles. Ce qui en occident ne représente pas quelque chose de particulier, d'exceptionnel peut l'être dans le contexte africain. Ici, la richesse, l'héritage et tout ce qu'on peut définir comme bien matériel n'est pas une affaire individuelle, mais celle de toute une communauté. Aucune épouse ne peut mesurer ni prévoir la quantité de nourriture qu'elle peut préparer pour un jour. Les amis et les membres de la famille du mari considèrent que tout ce qui appartient à leur frère leur appartient aussi. La femme qui ne le comprend pas et qui réduit la quantité de repas à offrir aux visiteurs de son mari est tout simplement taxée de sorcière. Et même lorsqu'elle donne certains cadeaux ou alors partage quelque fois son repas avec les autres, ces gestes sont considérés comme des mauvais signes.

Pourtant, quand la gourmandise de l'homme l'amène à refuser de partager son reps avec ses frères de la communauté, il s'appuie sur la femme pour que celle-ci l'aide à réussir son tour d'avarisme. Dans le conte « L'os de Mor Lame », c'est Awa qui tente vainement de ramener à la raison son mari gourmand pour qu'il renonce à manger seul son os. Ce conte permet de voir que la femme est instrumentalisée par l'homme et que ce dernier ne prend pas en considération les conseils de cette partenaire.

Dans le mariage, lorsque la première épouse n'est pas morte, elle est présentée comme une jalouse, une envieuse face à la jeune épouse. Le conte « Les mamelles » donne cette réflexion sous la forme d'une vérité générale :

> Lorsqu'il s'agit d'épouses, deux n'est point un bon compte. Pour qui veut s'éviter souvent querelles, cris, reproches et allusions malveillantes, il faut trois femmes ou une seule et non pas deux. Deux femmes dans une même maison ont toujours avec elles une troisième compagne qui non seulement n'est bonne à rien, mais encore se trouve être la pire des conseillères. Cette compagne c'est l'envie à la voix aigre et acide comme du jus du tamarin. (Birago Diop : 1969 : 55)

L'envie est personnifiée au même titre que les épouses. La polygamie suscite inévitablement l'esprit de concurrence et de positionnement. Chaque épouse veut être la dulcinée du mari. Ce qui amène ces épouses à ne vivre que par rapport à leurs co-épouses. Il s'agit de voir ce qui fait la différence à connaître tous les cadeaux que le mari peut offrir à la coépouse qui devient une rivale. L'envie peut provenir de n'importe quelle épouse. Mais le conte *« Les mamelles »,* comme bien d'autres contes, attribue l'envie à la première épouse :

> Envieuse, Khary, la première femme de Momar, l'était. Elle aurait pu remplir dix calebasses de sa jalousie et les jeter dans un puits, il lui en serait resté encore dix fois dix outres au fond de son cœur noir comme du charbon. (Birago Diop : 1969 : 55)

Le ton hyperbolique employé par le narrateur et les images liées à la noirceur du cœur de Khary sont des techniques propres aux contes. Elles servent à montrer non seulement l'imaginaire des peuples noirs sur la première épouse, mais aussi jusqu'où peut aller la jalousie de celle-ci et les risques qui pèsent sur le mari et sa nouvelle épouse. Pourtant dans le cas précis de Khary, sa jalousie provient de son complexe d'infériorité. Elle est infirme et elle croit que cette infirmité ne la rend pas désirable. En d'autres termes les maris n'ont pas assez de compassion pour leurs épouses handicapées physiquement :

> Il est vrai que Khary n'avait peut-être pas de grandes raisons à être très, très contente de son sort. En effet, Khary était bossue. (Birago Diop : 1969 : 55)

Et la façon dont le narrateur semble minimiser cette bosse montre que la femme est, dans ce conte, seule à affronter ses malheurs et qu'elle n'a pas d'excuse pour être aigrie :

> Oh ! Une toute petite bosse de rien du tout, une bosse qu'une camisole bien empesée ou un boubou ample aux larges plis pouvait aisément cacher. Mais Khary croyait que tous les yeux du monde étaient fixés sur sa bosse. (Birago Diop : 1969 : 55)

C'est pourtant la société qui a fait de Khary ce qu'elle est et c'est elle qui tire sur cette femme malheureuse. En effet Khary a été traumatisée pendant son enfance par les moqueries de ses compagnes qui l'avaient surnommée Khary-Kougué, c'est-à-dire Khary la bossue. Dès lors elle a pris sa bosse comme un drame. A cet âge, la jeune femme était déjà habituée à se battre contre des compagnes de jeu. Elle a développé pendant cet âge, une attitude d'offensive et tout au long de sa vie elle redoute la présence et le regard des autres. Inévitablement donc, elle est devenue une épouse acariâtre :

> Avec l'âge, le caractère de Khary ne s'était point amélioré, bien au contraire, il s'était aigri comme du lait qu'un génie a enjambé et c'est Momar qui souffrait maintenant de l'humeur exécrable de sa bossue de femme. (Birago Diop : 1969 : 55)

Mais, en fait d'humeur exécrable, il s'agit plutôt de la honte qu'a Khary de porter sa bosse. Elle est complexée parce que les autres lui ont montré qu'elle était un être à part. Voilà pourquoi, « Momar devait, en allant aux champs emporter son repas. Khary ne voulait pas sortir de la maison de peur des regards moqueurs » (Birago Diop : 1969 : 55). Khary s'est faite malheureuse et elle a aussi communiqué cette vie à son mari.

Ce conte montre que la société ne fait qu'agrandir les dispositions d'esprit de chaque être. Khary ne s'accepte pas telle qu'elle est parce que son bonheur dépend du regard des autres. Elle confirme ce que disait un personnage de Jean-Paul Sartre : « L'enfer c'est les autres ». L'aigreur n'est donc pas nécessairement imputable aux autres. Elle peut être liée à la nature de chaque être. Pour preuve, Koumba, la deuxième épouse de Momar était différente quoique bossue.

5 - **L'épouse généreuse**

Tout ce qui construit l'aigreur de Khary est repris dans le conte « Les mamelles » pour montrer que le comportement de Khary traduit sa méchanceté naturelle. Sa coépouse a une bosse plus volumineuse que la sienne. Elle est huée deux fois plus que Khary mais elle le prend avec assez de hauteur et au lieu de se mettre en colère, elle transforme en blagues les propos de provocation :

> Cependant, Koumba était bossue, elle aussi. Mais sa bosse dépassait vraiment les mesures d'une honnête bosse. On eût dit, lorsqu'elle tournait le dos, un canari de teinturière qui semblait porter directement le foulard et la calebasse posés sur sa tête. Koumba malgré sa bosse, était gaie, douce et

> aimable. Quand on se moquait de la petite Koumba-Khoughé du temps où elle jouait, buste nu, en lui demandant de prêter un instant le bébé qu'elle avait sur le dos, elle répondait, en riant plus fort que les autres : "ça m'étonnerait qu'il vienne avec toi. Il ne veut même pas descendre pour téter". (Birago Diop : 1969 : 18)

La moralité qui se dégage à la fin du conte est la récompense à l'épouse généreuse qui retrouve un physique normal en perdant ses bosses tandis que la mauvaise épouse va récupérer en plus des siennes celles de Koumba. Une sorte de malédiction pèse donc ainsi sur les épouses qui ne font pas le bonheur de leur mari. Le personnage féminin Koumba a un comportement qui permet de définir ce que l'Africain considère comme qualités chez la femme et comme épouse idéale : la gaieté et la jovialité (même lorsqu'on est humilié), la serviabilité, le respect envers les coépouses. Elle doit surtout être travailleuse, car la paresse empêche que la femme s'occupe convenablement de son mari. Elle est une aide pour son mari et elle respecte les génies des ancêtres. Son rôle auprès de l'homme rappelle le mythe des origines quand Dieu la mise auprès de ce dernier selon le mythe biblique. En d'autres termes, il apparaît que la beauté de la femme est interne.

Conclusion

La place qu'occupe la femme dans les contes africains montre qu'elle est une compagne incontournable dans sa société. Elle est même redoutée dans cette société. Les contes de Birago Diop lui donnent un pouvoir discret sur la vie et l'évolution des hommes. On remarquera cependant que la peinture des personnages masculins obéit à certains objectifs. Par exemple ceux-ci sont rarement critiqués, alors que la plupart des récits ont une portée didactique avec pour but de former de modèles de bonnes épouses dans la société. Et quand Birago Diop intitule son recueil *Les contes d'Ahmadou Koumba*, il y a lieu de s'interroger sur l'identité des créateurs de contes ; il est vrai que ceux-ci font partie des genres anonymes. Mais, leurs contenus laissent imaginer que les premières manifestations de la littérature orale ont été en majorité celles des hommes. Il faut considérer que la tradition africaine ne marginalise pas la femme même si dans les descriptions faites dans le conte on assiste à une sorte d'acharnement. C'est justement parce que la femme joue un rôle essentiel et de premier plan qu'elle focalise toutes les énergies dans la littérature orale en tant que celle-ci est la forme par excellence de l'expression de la culture africaine.

Bibliographie

Birago Diop, *Leurres et lueurs*, Paris, Présence africaine, 1961.

Birago Diop, *Les contes d'Ahmadou Koumba*, Paris, Présence africaine, 1947, rééd. 1969.

Birago Diop, *Les nouveaux contes d'Ahmadou Koumba*, Paris, Présence africaine, 1958, rééd. 1969.

Ngal, G., *Création et rupture en littérature africaine*, Paris, l'Harmattan, 1994.

Prévost, L., *Guide de la sagesse africaine*, Paris, l'Harmattan, 1999.

Eno Belinga, S.-M., *Comprendre la littérature orale africaine*, Versailles, Cedex, 1987.

Rodegem, F., « La parole proverbiale » in *Richesse du Proverbe*, Lille, PUL, 1984.

Chapitre 8 : Moneblum ou l'Homme bleu[62] : une figure héroïque de la résistance

Abomo-Maurin Marie-Rose

Le mvët est considéré par les populations fañ-boulou-beti et ntoumou[63] comme le genre majeur de la littérature orale. C'est d'ailleurs à ce titre que eut lieu le Festival du Mvët en octobre 1964 à Yaoundé, Cameroun. Il va sans dire que les traditions orales qui sous-tendent les principales langues africaines participent de la promotion et de l'art du pays. Je ne vais pas, dans cet article, retracer l'historique de ce genre littéraire, toutefois, il reste les peuples de la forêt équatoriale le point de reconnaissance et d'appartenance au même grand ensemble géographique et linguistique. On ne peut nier le rôle fondamental qu'a joué l'Institut International Africain de Londres, par l'intermédiaire de Pierre Alexandre. Alors professeur à ce qui est actuellement l'INALCO, il a participé à la promotion des études des langues du Sud Cameroun.

Ainsi donc, au Cameroun, on joue du Mvët dans les départements des provinces du Centre et du Sud. Il serait indélicat de ma part de vouloir, à côté du *mvët,* genre épique, ignorer les tendances plus récentes dérivées du genre, à savoir ce que d'aucuns nomment *ékañ*. Il s'agit d'une musique, d'un rythme musical, mais qui ne rend pas compte des éléments déterminants de l'épopée, mais reste une revendication des artistes *beti* camerounais. De nombreuses adaptations de la Genèse au style épique ont vu le jour, ainsi de fidèles reprises du rythme du Mvët dans la musique religieuse.

---

62 *Moneblum ou l'Homme bleu*, texte publié par Samuel Eno Belinga, avec le concours de l'Université de Yaoundé, 1978.

63 Telles sont les populations du Centre et du Sud Cameroun, du Nord du Gabon et de la Guinée équatoriale.

Cependant, même si les Ékañ dominent l'espace narratif épique fañ-boulou-beti du Cameroun, même si tout leur cycle se fonde sur la guerre dont ils sont toujours les grands vainqueurs, je ne peux m'empêcher de signaler d'autres types de récits épiques. On rencontre par exemple *Ndzana Ngazoa*[64] ou *Nden Bobo*. Le personnage principal, Ndzana Ngazoa, conclut un pacte avec sa maîtresse dont les clauses obligent le survivant à rejoindre son conjoint au pays des morts. La femme meurt et presse Ndzana Ngazoa de tenir sa promesse. Lorsqu'il se rend enfin au pays des morts, après maintes astuces savamment échafaudées pour y échapper, il reçoit de la part des fantômes une fessée mémorable.

Gaspard Towo Atangana[65] cite d'autres titres : *Ateba Ebe, Nduma* (autrement appelé Duala Manga Bell), *Eluna Ateba, Mbida Mengue* ou *Nanga Eboko*, le fondateur de la ville du même nom... Les récits où ces personnages sont des héros retracent le combat acharné et suicidaire mené par certains chefs plus téméraires que d'autres, contre l'administration coloniale.

Le texte que j'évoque aujourd'hui est publié par Samuel Eno Belinga, avec le concours de l'Université de Yaoundé en 1978. Déclamé par Daniel Osomo, originaire du village de Nkolafendek, sur la route Sangmelima-Djoum dans le département du Dja-et-Lobo, ce chant met en scène le combat qui oppose Moneblum à la famille ékañ. Les Ékañ dominent toute l'épopée camerounaise fañ-boulou-beti. Ce peuple d'immortels écrase et humilie ceux qui l'affrontent.

---

[64] Certains parlent de *Ndzana Ngazogo*, il s'agit du même texte éponyme.

[65] *Le Mvët, genre majeur de la littérature orale des populations pahouines (Bulu, Beti, Fang, Ntoumou)*, Abbia (Yaoundé) n° 9-10, 1965, p. 163-179.

1 - Résumé de l'« épisode »[66]

Ondo Mba, de la Race de Fer[67], du village d'Engong, a un fils du nom de Mekui-Mengomo-Ondo. Voici que le jeune homme, en âge de se marier, vient voir son père pour lui demander de l'aide. Celui se met en colère et traîne son enfant devant Akoma Mba. Le comportement de son fils lui paraît indigne de la race divine des Ékañ. Face à une telle offense, le père traduit son fils devant la haute cour d'Akoma Mba, le grand chef. C'est ainsi que Mekui-Mengomo-Ondo est condamné à l'exil.

Déporté dans le pays des Hommes bleus, où règne Efeng Ndong, il se retrouve à effectuer des travaux pour ce dernier. Il faut construire des routes, toujours tenir le village dans un état de propreté remarquable. Le jeune dont la générosité touche les prisonniers devient célèbre. Ses pouvoirs exceptionnels lui ont permis d'accomplir les tâches qui lui ont été commandées. Estimant qu'Efeng Ndong doit payer pour les travaux accomplis, parce qu'il l'a traité en esclave, Mekui-Mengomo-Ondo décide de lui prendre sa femme. C'est le début des hostilités au cours desquelles s'affrontent les Ékañ et les Hommes Bleus. L'échec d'Efeng Ndong est patent, puisque les tout-

---

[66] C'est ainsi qu'on appelle le récit qui met en scène un personnage particulier dans le cycle des Ekañ.

[67] Dans d'autres récits, on rencontre les autres races qui, ensemble, présentent les grandes familles *ékañ*

- la Race des Trois Rocs avec Akôma Mba, le Roi des Rois ; Ongung Bere Mba, prophète et devin autrement nommé Nnômô-Ngang ou Vieux remède ; Nsing Bere Mba ; Engbang Ondo ; Ondo Biyang ; Nsing Bere Mba ; Nguéma Nsing Bere. Ils sont tous issus de Mba Evine.
- la Race des deux Fers, avec Mdang-Endong aussi appelé Medang Bôrô, Meja Tenugu, Zé Medang, Angono Zok, Obiang Meja.
- la Race du Marteau, avec Mfulu Engbang et Ndundume Mfulu.

puissants Ékañ lui ôtent sa femme, sa dignité et le réduisent en esclave. Toutefois, dans ce combat, il aura fait preuve de qualités et d'aptitudes extraordinaires.

Loin de célébrer les Ékañ, cette race d'invincibles guerriers, ces immortels aux pouvoirs divins, mon attention va se focaliser dans cet épisode sur l'un de leurs nombreux adversaires : Moneblum. Le personnage est intéressant à plus d'un titre. Il n'est pas Ékañ, et serait plutôt Ntoumou. Il ose cependant riposter avec fougue aux assauts des Ékañ. Régulièrement, les épisodes narrés (*biban bi mvët*) portent en titre l'un des membres de cette illustre famille.

Moneblum vient d'une race génétiquement exceptionnelle, l'engeance des Hommes bleus, qui apparaît aussi redoutable, puisque, comme ses adversaires, elle déploie les mêmes moyens pour se déplacer dans les airs et sous terre. Ce récit est chargé de significations, dans la mesure il fait ressortir l'arrogance des Ékañ qui peuvent se permettre de s'arroger un bien qui ne leur appartient nullement. Ils ont toujours gain de cause ; ici ils brisent la résistance de Moneblum. Les Hommes bleus sont attaqués chez eux. L'affront est si affligeant que, pour sauver leur honneur, ils se voient obligés de poursuivre le combat à Engong, le village d'Akoma Mba, où ils sont faits prisonniers et esclaves.

Moneblum apparaît tard dans un texte qui porte son nom. En effet, sur les 1653 vers que compte l'épisode, le nom d'Efeng Ndong, Moneblum est évoqué pour la première fois au vers 402, au moment où Nnomo Ngang cherche un lieu d'accueil pour l'exilé. Jusque-là, les oracles qui avaient manifesté leur refus par le silence. Dès qu'on évoque la destination qui mène chez Efeng Ndong, ils approuvent ce choix. L'exilé ne rencontre Efeng Ndong qu'au vers 829 et ce dernier ne prend la parole qu'au vers

839. Les Ékañ occupent les devants de la scène. Ils ouvrent le récit et le ferment. Dans ce cas, qui est donc Efeng Ndong ?

2 - Portrait et attributs du personnage

Son statut social est donné par l'onomastique qui caractérise le personnage. A maintes reprises, le narrateur l'appelle « le Seigneur » (831, 1028), « le Souverain » (v .855, 858). En ce sens, il occupe des fonctions politiques, administratives et sociales. Grand représentant du pays des Hommes Bleus, on se prosterne devant lui : Mekui-Mengomo-Ondo ne se soustrait pas au rituel :

> Kpwo ! Nos jeunes gens se prosternèrent devant Efeng Ndong (v. 836).
>
> Kpwa ! Mekui-Mengomo-Ondo lui-même se prosterna et dit : « C'est moi qu'on appelle mekui-mengomo-ondo. » (v. 840)[68].

Il est le maître d'un royaume bien éloigné de celui des Ékañ. L'évaluation de la distance qui sépare les deux territoires passe par la fastidieuse énumération des indices renvoyant tantôt au trajet effectué, tantôt à celui qui reste à poursuivre. Une autre méthode d'estimation spatiale est ici sollicitée, il s'agit du compte des villages traversés, dont certains sont occupés par les membres du clan *ékañ* ou par des amis. Et lorsque les jeunes marcheurs, compagnons de route de Mekui-Mengomo-Ondo vers son lieu d'exil, demandent à Nkok-Ntyama-Ngini : « D'ici chez l'homme qu'on nomme Efeng Ndong, cela fait combien de jours de marche ? » (v. 620), celui-ci avoue son incapacité à exprimer avec précision cette distance. Un dernier élément dans l'appréciation de l'espace, ce sont ces nombreuses questions qui se posent sur le trajet qui mène chez

[68] Je n'utiliserai ici que la traduction française d'Eno Belinga.

l'Homme bleu. Plus les interrogations s'accumulent, plus on mesure l'éloignement qui sépare le village d'Akoma Mba de celui de la relégation de Mekui-Mengono-Ondo. Des questions se posent sur l'estimation de l'espace épique, toutefois on se rend compte que les distances sont vite couvertes dès lors que les voyageurs recourent à des moyens de transport magiques dont ils ont le secret, et qui éliminent la marche à pied. Ils s'envolent, mais doivent de temps en temps atterrir pour consulter le cadran solaire (v. 773).

Le village de l'Homme bleu est perché de l'autre côté de la montagne (v. 400). Cette position stratégique permet de surveiller les alentours, de contrôler les voyageurs et de pouvoir se défendre avec efficacité contre l'adversité :

> Vous irez jusqu'à ce grand pays qu'on aperçoit là-haut sur la montagne.
>
> Quand vous y parviendrez,
>
> Placez-vous au pied de la tour de fer
>
> Afin que l'homme qu'on appelle Efeng Ndong puisse vous voir du haut du ciel, par-dessus des nuages où il se trouve.
>
> Il enverra alors le véhicule qui viendra vous chercher (v. 816-820)

C'est en effet ce qui se passe lorsque les jeunes gens arrivent au seuil de cette demeure. Après avoir tournoyé dans les nuages (v. 827), ils atterrissent au pied de la tour de fer.

Ces éléments rendent irrécusables les origines extraordinaires d'Efeng Ndong. Sa demeure est tantôt caractérisée de « haute » (v. 826), tantôt de « céleste » (835). On désigne ce personnage comme habitant « sur une montagne » (v. 858). Il vit pratiquement dans le ciel et bénéficierait d'une ascendance divine. Le rapprochement avec les Ékañ est tentant dans la mesure où peu de choses les différencient. Comme eux, il voyage dans les airs, habite au-dessus des nuages.

Efeng Ndong jouit des privilèges de son statut de grand homme. Dans ses attributions politiques, prennent place le voyage auprès des Notables (v. 1075), la réception de ces personnalités (v. 1170 ...), la bonne entente avec les voisins. On lui reconnaît ici une gestion humaine des prisonniers dont il fait exécuter la peine. A la requête de Mekui-Mengomo-Ondo, il fournit abondamment à manger aux prisonniers. Bon administrateur de terrain, non seulement il confie des tâches à accomplir, mais de plus, il n'hésite pas à aller constater lui-même l'état d'avancement des travaux et à féliciter le réalisateur de ces grandes œuvres !

Comme tout grand chef, Efeng Ndong est un homme riche. Il est propriétaire d'un véhicule dans lequel il promène sa femme ; il l'utilise également pour rendre visite à ses notables. Il est capable pourvoir à ses invités de grandes quantités de nourriture. C'est le père protecteur, l'image du souverain soucieux des siens. L'ajout des connaissances des maîtres blancs apparaît évident dans le texte. Toutefois, ces apports ont été intégralement assimilés par le récit. Et même si cela paraît insolite dans ce monde du mvët, Moneblum sait lire, comme l'indique le texte :

> Kpwang-Ondo sortit le parchemin et le tendit à l'homme qu'on appelle Efeng Ndong.
>
> Efeng Ndong prit le grand parchemin et il lut.
>
> Efeng Ndong dit alors : « Qui parmi vous s'appelle Mekui-Mengomo-Ondo ? » (v. 837-839).

La lecture est un atout considérable qui calque la situation narrée sur les principaux apports de la colonisation.

Elle s'explique aussi par le fait que les grands hommes du Mvët jouissent de pouvoirs inégalés.

Efeng Ndong est enfin un extraordinaire chef de guerre. C'est d'abord la position stratégique de son village qui en donne la preuve. Placée au sommet d'une montagne que son habitation domine, cette localité se défend aisément, à moins d'être attaquée de l'intérieur comme c'est le cas ici. Au cours de la lutte qui oppose Efeng Ndong à Mekui-Mengomo-Ondo « tous les deux se retrouvèrent devant le palais d'Efeng Ndong ». On peut évoquer l'idée de place fortifiée, idée que vient renforcer la présence des longues-vues, plutôt que celle des lunettes (v. 829), ainsi que celle d'une « tour de fer » (v. 828). Ce fer qui a permis de forger la suprématie des peuples de la forêt délimite ici le territoire du commun des hommes avec celui de la toute-puissance du maître des lieux. Rien de plus normal donc que ce village devienne inaccessible si le visiteur n'y est accepté. C'est par le vent qu'il fait monter les jeunes voyageurs jusqu'à lui, au moment où ils arrivent chez lui.

Grand guerrier, Efeng Ndong possède une armée formée d'hommes entraînés dont la valeur a permis d'infliger des sévères revers aux adversaires. On les voit à l'œuvre dans le combat contre les Ékañ.

> Dès qu'Efeng Ndong sut que son épouse se trouvait à Engong Zok.
> Il s'adressa à ses guerriers en ces termes : « Faites prisonniers tous les Ékañ,
> je vous le demande, et qu'aucun d'eux ne nous échappe ».
> Les guerriers d'Efeng Ndong se ruèrent sur le Ékañ,
> On vit les fils d'Ékañ -Mebe'e dégainer leurs épées flamboyantes.
> Les Seigneurs s'armèrent également de leur javelot.
> Ils s'affrontèrent avec rudesse, les ténèbres emplirent l'espace (v.1545-1548).

En dépit du courage et de la bravoure des Hommes bleus, les Ékañ ont fini par avoir raison de leur résistance. Ces soldats sont vaincus comme leur chef est lui-même défait, en dépit de ses pouvoirs magiques.

Efeng Ndong, comme tous ces hommes dont les exploits relèvent de l'humainement inaccessible, jouit en effet de pouvoirs extraordinaires qui l'amènent à rivaliser en force et en adresse avec les Ékañ et de soutenir un combat des plus rudes contre eux. Ces pouvoirs se manifestent tout d'abord par sa capacité à gronder. On dira alors chez les Boulou qu'il possède l'*évú mvám* (la sorcellerie du grondement). En effet, Efeng Ndong gronde pour la première fois en réaction contre Mekui-Mengomo-Ondo, lorsque celui-ci décide de prendre la femme de son hôte en tant salaire pour les travaux qu'il a réalisés. Le jeune homme montre sa ferme intention de rentrer avec elle à Engong Zok (v. 1204) :

> C'est à ce moment qu'Efeng Ndong gronda.
> Quant il eut grondé, des ténèbres épaisses envahirent la cour (v.1205-1206).

Commence alors un duel des titans, preuve de la capacité d'Efeng Ndong à montrer ses talents. Parmi ces talents, on peut tout d'abord signaler le cri que pousse l'homme en colère.

Le grondement est non seulement signe de pouvoir, il est la manifestation de sa suprématie, le signe qui enclenche la réaction des éléments naturels et météorologiques. Il confirme la maîtrise du verbe, en même temps qu'il dégage, après les ténèbres, souvent l'orage et les éclairs, la dimension divine de son auteur. Brutal, il provoque un effet de surprise qui, pendant un moment, déstabilise l'adversaire. Ce grondement qui s'apparente au tonnerre, c'est-à-dire à la voix du tout puissant, annonce les représailles. Il dit la colère d'Efeng Ndong. Cette colère qui se traduit par un grondement énergique ouvre pratiquement le récit. C'est le père de Mekui-Mengomo-Ondo qui hurle au moment où son fils le sollicite :

> Tô ! Ainsi gronda alors son père.
> Et un violent orage secoua neuf fois le ciel.
> La cour fut alors plongée dans des ténèbres épaisses.
> Or voici qu'Ondo lui-même prit le cor et sonna ko-o-o !
> Le ciel redevint aussi clair qu'un ciel au point du jour (v. 19-23).

Motif récurrent dans le Mvët, l'éclat de voix correspond au moment où le personnage en colère expulse de son corps son arsenal intérieur, le garde prêt pour le combat. Ce grondement, Mbeng-Mone-Okom-Ékañ le pousse également (v. 1307) et fait jaillir des flammes qui envahissent la terre et le ciel. Après avoir poussé ce grondement,

> On entendit Efeng Ndong frapper sa poitrine pour vomir un remède[69], il frappa la terre et ce remède, tô ! et une muraille de pierre qui s'éleva de la terre jusqu'au ciel intercepta toute issue vers Engong Zok (v. 1211).

L'expressivité des moments décrits dans une vision tout à fait propre à l'*energeia*[70] rend compte du pouvoir du personnage et de la brutalité des gestes commis. Le verbe « vomir » fait de la poitrine un réceptacle où le grand homme range son matériel magique après le combat. J'évoquai plus haut le mot arsenal, c'est ainsi qu'il faut réellement considérer le contenu de la poitrine d'Efeng

---

[69] Il est tout à fait évident que ce mot n'a pas ici le sens de médicament qui soigne une maladie. Il prend plutôt la signification de produit magique.
[70] Une des figures propres à la description qui donne l'impression que l'action se fait réellement sous les yeux de l'auditoire.

Ndong. Non seulement il y enfouit des « remèdes »[71], mais c'est aussi de cette poitrine qu'est sorti le grondement.

Le dernier atout d'Efeng Ndong est sa capacité à voyager dans l'espace, à apparaître et à disparaître à son gré (v. 1515, 1519). Il s'agit de la dernière stratégie à laquelle il recourt pour vaincre ses adversaires et, à la fin, pour tenter de les fuir.

S'il est vrai, comme je l'ai déjà rappelé, que le personnage éponyme n'entre dans le récit que fort tard, il représente toutefois les valeurs fondamentales de sa société. En effet, Efeng Ndong apparaît comme un responsable pacifique. Alors qu'il reçoit des prisonniers venus d'horizons divers, le narrateur ne mentionne nulle part qu'il est capable d'actions cruelles ni de maltraitance à l'égard des prisonniers. Bien au contraire, il félicite les travailleurs sur les chantiers de construction des routes et sait apprécier la valeur de chacun.

> Je te présente (c'est Efeng Ndong qui s'adresse à sa femme) ici un homme étrange,
> je lui avais demandé de me construire des routes, il est en prison ici.
> Il y est allé deux fois et me dit que la route est terminée (v. 997-998).

Le ton conciliant dont il use à l'égard de Mekui-Mengomo-Ondo retentit de manière toute paternelle. Cet intérêt que sa femme et lui-même portent sur les causes de son exil et de son emprisonnement ne trompe pas sur l'humanité des hommes bleus. Il en va de même de la complicité qui se tisse entre ce grand homme et l'Ékañ. Cette générosité lui fait oublier les règles élémentaires de la prudence, surtout lorsqu'on est face à un Ékañ.

[71] Ce terme que j'emprunte à la traduction d'Eno Belinga semble faible, même s'il s'agit de la traduction littérale du mot. « Armes » me paraît plus adéquat, compte tenu de la situation.

3 - Des erreurs fatales aux conséquences irréversibles

Les erreurs que commet Moneblum sont nombreuses. Toutefois, son premier malheur est indépendant de sa volonté. Le sort lui envoie un Ékañ. En effet, l'arrivée chez les Hommes bleus de Mekui-Mengono-Ondo, sous le prétexte qu'il avait osé demander de l'aide son père pour se marier (v. 18), se révèle de mauvais augure. La fin de Moneblum s'inscrit ainsi dans cette arrivée même. Il ne peut en aucun cas échapper à son sort ni éviter la guerre que cette venue annonce. Rien d'anormal donc qu'on évoque la notion de fatalité, et ce, d'autant plus que « les mânes restèrent muets » (v. 291, 304, 316, 344, 354...) face à toutes les destinations proposées où Mekui-Mengomo-Ondo pouvait purger sa peine. Or, voilà que « les oracles furent affirmatifs » (v. 405) dès que Nnomo Ngang demanda : « Puis-je envoyer Mekui-Mengomo-Ondo en exil au pays des Hommes bleus ? ». Cette approbation des mânes condamne d'emblée Efeng Ndong à une fin horrible, en même temps qu'elle réaffirme la part d'injustice dans ce choix gratuit du destin.

Ainsi donc, déjà condamné par le sort, Moneblum ne pouvait plus qu'accumuler les erreurs. La première faute lui échoit dès lors qu'il néglige de prendre en compte le caractère versatile des Ékañ. En effet, la confiance qu'il accorde à Mekui-Mengomo-Ondo semble totalement aveugle. Or, même en temps de paix, les habitants d'Engong restent de féroces adversaires. A maintes reprises, alors que les deux personnages semblent s'accorder sur plusieurs éléments, Mekui-Mengomo-Ondo plante « en terre le doigt annonciateur des hostilités » (v. 860, 1037). Ce geste récurrent auquel Efeng Ndong ne prête pourtant pas attention confirme une imminente rupture de la période de paix.

Moneblum commet maladresse sur maladresse ; il introduit la menace dans son foyer en invitant l'Ékañ dans sa maison, auprès de sa jeune épouse (v. 995-1010). Non seulement l'auditoire sait que Mekui-Mengomo-Ondo a été exilé parce qu'il voulait l'aide de son père pour se marier, mais il se rappelle aussi que la plupart des conflits entre groupes tribaux ont pour point de départ l'enlèvement des femmes. Cette invitation qui lui paraît normale prend une autre dimension pour le jeune étranger. Enfin, on sait que les Ékañ, dédaignant demander la main de la femme qu'ils aiment, transforment la situation un enjeu de combat. En plus d'escompter battre leurs rivaux, ils espèrent également les couvrir d'opprobre devant les leurs. L'arrogance et la cruauté de ce peuple ne laissent aucune alternative à ses adversaires.

C'est également sa négligence qui amène Moneblum à faire monter le prisonnier dans son véhicule, à côté de sa femme : « Prends place à bord de notre véhicule et rentre avec nous » (v. 1035). Rien de surprenant dès lors que l'étranger prenne la liberté d'aller, de nuit, rendre une visite de courtoisie à l'épouse de son hôte en l'absence de ce dernier :

> Pendant ce temps-là Mekui-Mengomo de son côté,
> Tout seigneur qu'il était, pris d'abord un grand bain et mit ses plus beaux habits
> Ensuite il rehaussa l'éclat de sa toilette avec un parfum de grand prix en usage à Engong-Zok et qui conserve sa vertu pendant trois longs mois.
> Le seigneur sortit l'épée flamboyante et la serra dans sa main : « je dois me rendre auprès de Nlem-Okele-Abum, épouse d'Efeng Ndong et m'entretenir de mes travaux avec elle » (v. 1078-1080).

Or, il fut très peu question de travaux, puisque, dès qu'il est entré, la jeune épouse d'Efeng Ndong « admira le beau jeune homme qui se tenait debout devant la porte » (v. 1087). La déclaration d'amour de Mekui-Mengomo-Ondo ne tarda pas, jetant au second plan le but de sa prétendue démarche. Ce sera la première nuit qu'ils passeront ensemble. On comprend désormais pourquoi l'exilé peut se vanter d'avoir vaincu son rival. Il en a séduit la femme dont il a obtenu les faveurs. Avant d'abattre totalement le mari, il s'est assuré du soutien de l'épouse de Moneblum.

Enfin, et c'est la faute la plus grave pour les Ékañ, Efeng Ndong a réduit Mekui-Mengomo-Ondo au statut d'esclave. Ce que lui reprochent les Ékañ à la fin du récit. Les travaux confiés au jeune homme ne sont pas considérés comme valorisants ni dignes d'un seigneur. Les demandes que formule l'époux de Nlem-Okele-Abum sont celles d'un maître à son esclave.

> Akômô-Mba leur dit alors :
> « Mon fils a été exilé dans ton pays
> Et toi tu en fais l'esclave voué à la construction de tes routes (v. 1639-1640).

Ces erreurs sont lourdes de conséquences. Et les humiliations ne se comptent plus pour ce grand homme qui a cru affronter les Ékañ impunément. La logique de l'histoire exige que la femme d'Efeng Ndong, Nlem-Okele-Abum, lui soit enlevée et donnée à Mekui-Mengomo-Ondo, en récompense des travaux effectués. Ensuite, on le débarrasse de ses pouvoirs. Il s'agit en fait de ce qui atteste de la puissance de Moneblum et qui le rend pratiquement égal aux Ékañ.

> Il (Akômô-Mba) le frappa avec le coussinet magique,
> Il le débarrassa de tous les remèdes qui le rendaient redoutable (v. 1643-1644).

La même scène se retrouve dans l'épopée *Ayono Ala* d'Asomo Ngono Ela [72] où elle est un peu plus développée. Dans le « Champ Cinquième » de ce récit, Eyene Ndongo vaincu par les Ékañ se voit dépossédé de ses pouvoirs que le narrateur énumère :

> On dit à Eyene Ndongo : « tu es trop sauvage
> Va ! Nous t'enlevons une chose : les pouvoirs occultes qui font ta force.
> Il ne faut pas que tu causes d'autres malheurs » (v. 2899-2901)
> [...]
> Ils s'avancèrent,
> Appliquèrent à Eyene Ndongo un coup de sortilège sur le dos :
> Le pouvoir du grondement, le pouvoir de la chance, le pouvoir de l'effronterie, le pouvoir de la méchanceté
> Tous ces pouvoirs, on les donna à avaler aux écoliers d'Engong Akôma.
> Fououm ! Il ne lui resta dans le ventre que ses viscères et ses boyaux (v. 2904-2908).

C'est donc le sort terrible qui est réservé au vaincu. Il s'agit en somme de récupérer ces pouvoirs afin d'augmenter ceux des Ékañ. Si dans le cas d'*Ayono Ala*, l'idée d'assimiler totalement la force intérieure de l'individu se dessine avec clarté, elle n'en est pas moins présente dans *Moneblum*. On assiste donc à une autre forme d'anthropophagie rituelle ; celle-ci relève du mystique, étant donné que ces pouvoirs enlevés ne peuvent en aucun cas être relâchés dans la nature. La séance de dépossession des pouvoirs se déroule au cours d'un rituel : la cérémonie d'annihilation de l'être, en tant que représentation d'un pouvoir et d'une autorité, relève d'une forme d'exorcisme.

---

[72] Epopée recueillie par Towo-Atangana Gaspard, transcrite et traduite par Abomo-Maurin, à paraître prochainement dans « Classiques Africains ».

La dépersonnalisation d'Efeng Ndong est totale, lorsqu'on le mutile afin de lui donner l'aspect physique d'un esclave :

> On lui creva un œil.
> On lui coupa une oreille.
> On lui incisa le dos et fit quatre scarifications.
> On lui dit : « A ces signes on reconnaîtra que tu as rencontré les Ékañ sur ta route »
> (v. 1644-1647).

Ce traitement absolument inhumain est en effet celui réservé aux captifs de guerre. Efeng Ndong échappe pourtant à bon nombre d'autres atrocités. On aurait pour le garder sur place, un gros morceau de bois troué au pied, ou tout simplement le castrer pour qu'il soit au service des femmes. Les Ékañ reconnaissent toutefois son statut de grand guerrier et de grand homme. De rang égal à celui d'Akôma Mba, il mérite des égards. Voilà pourquoi il obtient un traitement de faveur, puisqu'« on lui remet un parchemin qui l'élevait au rang de notables », même s'il « est placé à présent sous les ordres d'Akôma » (v. 1648-1649).

La procédure d'assujettissement d'Efeng Ndong inclut également l'annexion de son territoire par les Ékañ. La naïveté de Moneblum procède de celle d'Icare, ce mortel qui a voulu approcher les Dieux. Le châtiment que les Ékañ infligent à cet autre seigneur n'est que la conséquence de logique de sa prétention à égaler les immortels. En effet, on peut, sans se tromper, qualifier son comportement d'orgueilleux. Se croire égal à un Ékañ, quand bien même il serait exilé revient à faire preuve de légèreté certes, mais aussi d'orgueil. Moneblum a manqué de prudence là où il aurait dû être plein de vigilance ; il est apparu sûr de lui au moment même où tout l'invitait à plus de perspicacité. Il a oublié qu'on ne peut affronter les

Ékañ sur leur propre territoire et revenir indemne. Si l'on reconnaît à Moneblum une puissance et une témérité incontestées, on regrette toutefois cette naïveté et cet orgueil qui l'ont poussé à poser des actes inconsidérés aux conséquences tragiques

4 - Pourquoi le titre Moneblum ?

La question vaut la peine d'être posée. Ce personnage apparaît tard dans le récit auquel il donne son nom. Or, si l'on considère l'occupation textuelle des personnages, celle des Ékañ et de Mekui-Mengomo-Ondo apparaît plus importante. L'épisode narré ôte aux Ékañ, ni leur force ni leur suprématie sur les autres, mais les déplace. Il y a donc une volonté de reconnaître chez les peuples qui affrontent les Ékañ et chez d'Efeng Ndong des qualités indéniables. Le personnage principal qui occupe une dimension fonctionnelle, parce qu'il joue un rôle clé dans le récit et dans son royaume, n'est pas moins humain. Dans sa caractérisation axiologique, il porte et défend les valeurs de la société. Dans son rôle de souverain, il applique les règles naturelles qui exigent que les suzerains fassent travailler les prisonniers. Cette autorité ne peut lui être désavouée à partir du moment où on le voit prendre des décisions, gérer le quotidien, administrer son peuple. Mais, dès le début du récit, le sort lui destine un élément perturbateur, c'est-à-dire un exilé ékañ.

Efeng Ndong s'impose comme le personnage principal du récit. Il est le moteur et le support de l'action. Et même s'il est vaincu, on lui reconnaît des qualités de héros. Représentation d'un royaume, il l'est aussi d'une corporation, celle qui refuse de se soumettre à l'hégémonie des Ékañ. Il est le refus, la résistance qui s'oppose à des forces plus grandes, auxquelles on est conscient de ne jamais échapper. D'aucuns voient se dessiner, dans la plupart de ces épopées qui nous sont transmises depuis l'entrée des forces coloniales en Afrique, des combats symboliques. Les Ékañ représentent, tantôt, la force de résistance à l'administration coloniale[73], tantôt des forces funestes dans leur mission civilisatrice. Tel semble le cas de ce récit où les Ékañ se comportent comme des dominateurs et Efeng Ndong comme celui qui essaie de protéger son bien.

En dépit de toutes ces considérations, Efeng Ndong assume avant tout un rôle narratif. Il se situe dans l'opposition. Personnage principal et opposant, il dénonce et s'attaque, dans la mesure de ses moyens à une situation qui paraît injuste. Toutefois, il reste également un personnage tragique dès lors que le destin choisit son pays pour accueillir un exilé Ékañ. Dès cet instant, l'auditoire s'attend à un dénouement inscrit dans l'ordre épique fañ-boulou-beti, puisque les Ékañ sont immortels et invincibles.

La mise à l'honneur du personnage dans ce récit éponyme à travers le titre met le récit sous une tension permanente. L'auditoire attend l'intervention d'Efeng Ndong, tout comme il trouve suspect le calme apparent de Mekui-Mengomo-Ondo. L'auditeur du *Mvët*, habitué aux récits des Ékañ, n'attend pas de surprise de leur part, puisque leur comportement et leur portrait restent les éléments invariants du cycle des épopées fañ-boulou-beti. Moneblum apparaît comme l'élément nouveau qui apporte une autre version des combats que les hommes mènent contre cette race divine.

---

[73] Tel est le cas d'*Ayono Ala* où Eyene Ndongo, de la tribu des Yemimfum (des hommes blancs), est battu par les Ékañ.

Conclusion

On assiste donc dans ce texte à une subversion de la signification du récit épique : ce ne sont plus les maîtres qui sont célébrés, mais un anonyme issu d'une tribu étrange, celle des Hommes bleus. Cette rupture au niveau de la signification attendue des récits autorise une nouvelle compréhension de nos textes épiques. Efeng Ndong représente celui qui a été assujetti à la loi des Ékañ. Toutefois, sa valeur a été reconnue, puisqu'il reste notable. Ce qui est sans doute une erreur commise par les maîtres.

Bibliographie

Abomo-Maurin, M.-R., *Ayono Ala*, épopée recueillie par Towo-Atangana Gaspard, transcrite et traduite par Abomo-Maurin, à paraître dans « Classiques Africains ».

Abomo-Maurin, M.-R., *Parlons Boulou*, Paris, l'Harmattan, 2006.

Awona, S., *La guerre d'Akoma Mba contre Abo Mama, épopée du Mvët*, Abbia Yaoundé, n° 9-10, 1965, p. 180-214.

Derive, J., (sous la direction de), *L'épopée : unité et diversité d'un genre*, Paris, Karthala, 2002.

Eno Belinga, S, *Moneblum ou l'Homme bleu*, texte publié par, avec le concours de l'Université de Yaoundé, 1978.

Kesteloot, L., et Dieng, B, *Les épopées d'Afrique noire*, Paris, Kharthala, 1997.

Ndong Ndoutoume Philippe dit Tsira, *Le Mvett, épopée fang*, Paris, Présence Africaine, 1970.

Ndong Ndoutoume Tsira, *Le Mvett : l'homme, la mort et l'immortalité,* Paris, L'Harmattan, 1993.

Towo-Atangana, G. *Le Mvet, genre majeur de la littérature orale des populations pahouines (Bulu, Beti, Fañ, Ntoumou)*, Abbia (Yaoundé) n° 9-10, 1965, p. 63-179.

Towo-Atangana, G. et F., *Nden-Bobo, l'Araignée toilière*, International African Institute, Oxford, University Press, 1966.

Troisième partie :
Oralité, écriture et réécriture

Chapitre 9 : Oralité africaine dans *Nnanga Kon*, roman en langue boulou de Jean-Louis Njemba Medou

Abomo-Maurin Marie-Rose

La tradition orale, on le sait, repose fondamentalement sur la parole. Parmi tous les messages possibles en oralité, on distingue surtout ceux qui transmettent une technique, une façon de réaliser ou de façonner quelque chose, et ceux qui restent essentiellement liés à la parole. C'est à cette seconde catégorie qu'appartiennent les contes, les proverbes, les devinettes ou le chant.

On situe l'apparition de l'écriture en Afrique noire vers 1900. Or, un peuple ne peut exister sans littérature. Elle reste intrinsè-quement liée à la notion de culture et de civilisation. Il serait donc difficile d'admettre que seule l'écriture fait la culture. Devenue une nouvelle discipline, la littérature orale s'impose à travers la richesse de ses genres : fables, chantefables, contes, légendes, épopées, proverbes… Ainsi, pour Samuel-Martin Eno Belinga la tradition orale est « un musée vivant » (1978 : 17)[74]:

> La tradition orale est un train d'ondes chargées de sons, de couleurs, de formes archaïques, d'émotions, d'affects et de pensées des hommes et des femmes des temps révolus (1978 : 17).

Alors qu'on est habitué à voir des critiques s'interroger sur les indices de l'oralité dans des textes romanesques écrits en français, l'opération que je me propose de mener ici est tout à fait nouvelle. Il s'agit en effet de relever, dans un texte en langue boulou, des éléments appartenant à la littérature orale. Une fois la

---

[74] *Comprendre la littérature orale africaine*, Les Classiques africains, Ed. St-Paul, 1978, p. 17.

langue locale fixée par l'écrit, comment s'y opère l'insertion de l'oralité africaine ?

Le récit qui sert de terrain d'investiga-tion, à savoir *Nnanga Kon* de Jean-Louis Njemba Medou, appartient à un contexte bien précis : celui de « la littérature de commande ». Pour encourager, dans les pays colonisés, la ferveur littéraire et la production de textes en langues locales, un concours était lancé dans le journal *Afrika*. En cette année 1932, ce concours concernait l'écriture en langues africaines de récits, la relation de traditions ou de pratiques ; aussi, cinq langues furent choisies par les organisateurs : le boulou, l'ewe, l'egbo, le nyanja et le zoulou. Jean-Louis Njemba Medou est récompensé la même année par le prix Margaret Wrong. Publié aux Halsey Memorial Press (H.M.P.) d'Elat, à Ebolowa, ce récit connaît de nombreuses rééditions (1932, 1939, 1953...). Dans son avertissement, l'auteur stipule cinq objectifs qu'il inculque à son livre, parmi lesquels figure celui-ci :

> *Bia yi na, nkobô boulou ô bo te jañ, ajô te bi nga jeñ minnôm bifia ya nkobô te*[75].

C'est justement cet objectif qui motive l'insertion de l'oralité africaine dans le texte.

Le roman raconte l'histoire d'un petit village boulou du Sud-Cameroun, en pleine forêt équatoriale. Les faits se situent autour des années 1885. Pour tous les Boulou, il s'agit d'une date historique : la grande guerre tribale *òbàn* sévit dans le pays, militairement menée par Elé Mendomo et Mvomo Essouma. Ces événements se déroulent avant l'arrivée de Nnanga Kon.

---

[75] J'utilise ici l'écriture standard. Jacques Fame Ndongo traduit ce vœu par : « Mon rêve est que la langue boulou ne disparaisse point ; c'est pourquoi j'ai utilisé des termes archaïques », Yaoundé, Editions Sopécam, 1989.

La vie tranquille et bucolique de Monezula ouvre au lecteur les pans de la vie quotidienne de ces peuples de la forêt. Les villageois vaquent à leurs occupations et partagent leur temps entre les travaux des champs, la chasse, les sports dans lesquels émergent les plus grands sportifs du clan, ceux-là même qui doivent également défendre le clan pendant les guerres. On assiste à une veillée en même temps qu'on accède aux pratiques secrètes du responsable du village, Ela Mvondo. Grand homme, riche polygame, père d'une très nombreuse famille, Ela mène les siens avec sagesse et fermeté. Pendant cette période de paix, le narrateur introduit dans son texte des moments propices à l'éclosion de la parole et de la culture traditionnelle. Or, voilà qu'un matin, le tam-tam annonce l'arrivée d'un albinos blanc. Cette nouvelle est de mauvais augure. Il faut aussitôt purifier le village.

Ela Mvondo a juste le temps d'initier son fils Mvondo Ela, l'héritier, aux pratiques secrètes et de lui remettre l'essentiel de son pouvoir lorsqu'il meurt. Non seulement le vieil homme ne reverra jamais Nnanga Kon, mais il n'assistera pas non plus à la transformation des habitants de Monezula. La mort d'Ela Mvondo donne l'occasion de montrer certaines pratiques boulou : le rôle du « féticheur légiste », celui des neveux et le sort réservé aux veuves.

C'est le moment que choisit Nnanga Kon pour faire son entrée dans le village. Il sauve *in extremis* Angonemane d'une pen-daison certaine et l'amène avec lui. La jeune épouse du vieil homme est accusée d'avoir provoqué le décès de son mari. Le pasteur blanc que tout le monde nomme Nnanga Kon convertit Angonemane à la religion du Christ. Les villageois de Monezula décident de réagir et de venir reprendre la jeune femme. Elle appartient désormais à Mvondo Ela. Or, voilà qu'au cours d'une partie de chasse, le jeune chef est blessé par un buffle que le pasteur abat avec son fusil. Le blessé est accueilli chez le missionnaire qui prend soin de lui, aidé d'Angonemane. Durant sa convalescence, il est converti au christianisme, comme sa nouvelle femme, Angonemane.

Alors que la situation d'émission des genres oraux requiert avant tout la présence d'émetteur face à un récepteur, le roman de Njemba Medou, *Nnanga Kon*, reconstruit des cadres spatio-temporels de la performance verbale. On retiendra ainsi trois modalités de l'insertion de l'oral dans l'écrit, modalités liées à l'idée de la parole africaine : les genres oraux dans le texte boulou, le recours au style oral et l'écriture des cérémonies rituelles.

Il va sans dire qu'un texte dont l'objectif est la perpétuation de la langue, de la culture et de la tradition ne peut manquer de compter des genres qui participent à la fois de l'apprentissage de la palabre, de l'éducation et de la mémorisation des concepts vitaux pour une vie sociale riche et accomplie. Le texte de Njemba Medou comprend les proverbes, la devinette et le langage tambouriné.

1 - Le proverbe

Message social, le proverbe s'appréhende également comme un jeu vivant à travers la liberté et la spontanéité de l'émetteur et du récepteur, tous les deux issus d'un même contexte culturel. Parce qu'il met en jeu des images, qu'il joue sur une double signification autant que sur une double dénotation, le proverbe est un message signifiant. A la fois comme message imagé, linguistique tant par son rythme que sa structure grammaticale, ce genre reste un message normatif autant qu'un mode de raisonnement. Rien d'étonnant dès lors qu'il soit omniprésent dans le récit.

Ainsi il s'impose comme titre de nombreux chapitres qu'il résume. Alors qu'il faut affronter les Fañ dans des épreuves de luttes traditionnelles, le héros des Boulou est indisponible. Ze Nko'o et Zo'o sont chargés de le remplacer.

D'où le titre du chapitre 5 :

Jôngôlô a wôé ebômekôkot a li'i mfe'e mebe[76].

L'idée de solidarité est mise ici mise en évidence. Elle est reprise dans le même chapitre par un autre proverbe :

Ane mfe'e ô sotane nlo, ke ô silan bitu[77].

Un second proverbe vient renforcer l'idée du titre et inscrit le comportement général des jeunes lutteurs dans une responsabilité collective inhérente à la conception de la vie communautaire :

O fumane nlui, ô koene mbale[78].

Il n'est nullement concevable qu'un être humain ne puisse pas être remplacé par un autre. L'idée d'un homme indispensable, seul détenteur de pouvoir, s'efface devant l'intérêt commun.

Melu me yale'e bongô, me yômôlô'ô bemvendé[79] inaugure le chapitre 12. Le narrateur commente le cycle naturel de la vie des hommes. C'est sans surprise que le proverbe vient en continuation du chapitre 11 qui le précède. Le père et le fils, à savoir Ela Mvondo et Mvondo Ela, mènent une série d'entretiens dans le secret. Le père transmet ses pouvoirs à son successeur et souscrit à la

---

[76] P. 17 : « Le caméléon mort, le lézard hérite de son sac de kola ».
[77] *Id.*, p. 18 : « Si le sac dégringole de la tête, il retombe sur les épaules ».
[78] « Si le forgeron est absent, le garde-machettes lui est toujours là ».
[79] *Id.*, p. 32 : « Les jours font grandir les jeunes, tandis qu'ils font vieillir les adultes »

pérennité de la vie. Le fils doit « naturellement » succéder à son géniteur, comme l'exige la loi de la nature. Ainsi, l'enfant qui remplace son père participe de cette marche naturelle du monde. Il n'est donc point question ici de se lamenter sur la fuite du temps, mais de montrer en quoi ce concept s'intègre dans l'existence humaine et travaille pour l'éternité de l'homme.

En dehors de ces proverbes servant de titres aux chapitres, l'auteur parsème son texte de ces formules que la sagesse populaire boulou n'a jamais cessé de développer. Le tam-tam déclame un proverbe dont l'intérêt réside dans le portrait du bon lutteur :

Mesiñ me se kôé me ne ve ngul[80].

La série de proverbes qui va suivre montre l'agacement du narrateur devant un auditoire qui anticipe, par ses questions, sur le déroulement des faits à narrer. Le voyageur raconte ce qu'il a appris de Nnanga Kon; sans cesse interrompu, il s'impatiente :

Ye toñ é bete Mesete anyu ô beta'a sili na Mesete a loñaya ?[81]

L'idée est reprise quelques lignes plus loin :

Môt a betek, ve na susuk[82].

Au cours de la veillée spéciale qui se déroule au chapitre 10, le narrateur multiplie les instances proverbiales. On en compte au total vingt trois. Je n'en retiendrai que six :

---

[80] *Id.*, p. 19 : « La lutte n'est pas une affaire d'âge, mais plutôt de force ».

[81] *Id.*, p. 23 : « Comment peux-tu poser la question de savoir comment joue Mesete alors qu'il a encore la flûte à la bouche ? »

[82] *Id.*, : « Pourquoi demander à celui qui monte sur un arbre de redescendre ? »

- *Abé é nga so fé melen, nde e nga kôé afan ése biyo* (le mal qui est venu de la brousse par les palmiers a ensuite contaminé toute la forêt). Le mal qui émane d'une personne peut contaminer tout le monde. Il s'agit d'une mise en garde contre la contamination d'un mal, d'une faute. Non seulement la faute commise par un être peut atteindre les membres de la communauté, mais en plus elle jette du discrédit sur tout un groupe donné. L'avertissement est clair et conforte l'idée d'une responsabilité collégiale.

- *Samese samese a nga toé éves* (à force de peser et de soupeser, on finit par ramasser un os). A force de faire le difficile, on peut se retrouver sans rien. Ce proverbe illustre d'une certaine manière les contes du cycle « de la fille difficile ». En effet, à force de tergiverser, de peser et de soupeser, le résultat final s'avère toujours décevant.

- *Nda é ne jia, binoñ bi ne bibaé* (on peut trouver deux lits dans la même maison). On est toujours seul dans la vie. Rappel qui ne met pourtant pas en cause la solidarité intrinsèque du groupe social. Le proverbe vient toutefois confirmer, non pas la solitude, mais plutôt l'unicité de l'entité humaine. Le groupe ou la communauté se compose d'individus, différents cependant les uns des autres.

- *Tin élé é ne metebe mebaé* (On peut se rendre au pied d'un arbre plusieurs fois). Il arrive qu'on ait besoin d'un plus petit que soi. On rencontre également chez les Boulou, Fañ et Beti cet autre proverbe, *Tin élé dzia mekui mebaè, dimi nyuli dimi* (deux fois au pied du même arbre : on est perdu). Tel est le conseil qu'on donne à celui qui refuse de reconnaître ses responsabilités et ses torts.

- *Jôm ja wulu, ja valé jôm é bô'ô* (Ce qui s'agite excite ce qui dort). A force de s'agiter, de prononcer des paroles malveillantes, on finit par provoquer l'irréparable. La compréhension de ce proverbe est polysémique. On part du principe que ce qui se déplace chasse ce qui est stable, comme il est possible d'admettre que ce qui s'agite provoque la fuite ce qui se cachait. La signification de ce proverbe va également dans le sens où l'on peut être trahi par ses propres actions ou paroles.

- *Môt te vuñelu ayôñ ya éza tôk* (On ne peut atténuer la chaleur dans la cuiller d'autrui en soufflant). On ne peut valablement veiller aux intérêts d'autrui. Toute action est donc guidée par le bénéfice qu'on en tire.

Ces proverbes illustrent certes la présence de ce genre oral dans le texte écrit en langue africaine, ils se constituent également en préceptes de vie sociale. La leçon qu'ils portent reste l'expression d'une société et la garantie d'une cohésion sociale.

2 - La devinette

Divertissement que l'on retrouve au chapitre 8 : « *Miele ngon* [83] » (Clair de lune). C'est l'occasion d'une veillée au cours de laquelle toute la famille se rassemble. L'heure est souvent à l'apprentissage de la parole traditionnelle grâce aux jeux qui développent la mémoire et la rhétorique boulou. C'est l'une de ses soirées que Njemba Medou insère dans son récit. Le style de la devinette repose d'abord sur le préambule, avec des formules stéréotypées qui annoncent le jeu :

Début : - *Afiiiii !*
Réponse : - *Anjek !*[84]

---

[83] *Id.*, p. 27.
[84] *Id.*, p. 27.

Le rituel est toujours le même :

> *Afiiii* ! (tiens-toi prêt !ou Ecoute !)
> *Anjek !* (vas-y ! ou je suis prêt)
> *Le-le-le* ! (qu'est-ce qui fait le-le-le ?)
> *Mva'a mboé* ! (une carpe dans une rivière peu profonde).

A partir de là s'enchaîne une série d'énigmes suivies de réponses. La partie se joue à deux. La volonté de ressusciter, par un échange direct, des situations d'apprentissage d'autrefois marque le désir d'introduire dans l'écrit l'oralité.

3 - Le langage tambouriné ou langage frappé[85]

Le tambour d'appel, connu chez les Boulou-Fañ-Beti sous l'appellation de *nkul* est le seul moyen de communication à distance. Les messages qu'il véhicule sont de quatre ordres :

- Appeler des individus pour demander une aide, annoncer une nouvelle (bonne ou mauvaise), donner l'alarme et signifier des messages circonstanciés ;
- Marquer une expression de victoire ou de triomphe ;
- Emettre des messages impersonnels ;
- Accompagner les divertissements.

La devise de chacun permet de l'atteindre dans un intervalle spatial relativement limité. Mais dès que l'individu s'éloigne du village, on recourt au langage tambouriné qui a une portée de plusieurs kilomètres. Relayé, l'appel est à mesure de couvrir des villages éloignés. La maîtrise de ce langage dont Njemba Medou

---

[85] Voir les travaux de Agnès-Marie Nkili, *Le Nkul des Mvëlë, essai d'analyse sémiotique*, Yaoundé, 1976, Mémoire de D.E.S de lettres.

appelle de ses vœux l'apprentissage et la conservation est intrinsèquement liée à la culture. Instrument creusé dans une bille de bois, il est complété par deux bâtons qui servent à donner des sons. Ainsi donc, le récit de Njemba Medou s'ouvre sur le chapitre intitulé « *Nkúl w'àjó* »[86] (Message tambouriné). Ce premier message matinal qui inaugure la vie tranquille du petit village de Monezula et de l'entrée du premier missionnaire en pays boulou surprend par son crépitement frénétique, alors que ce n'est qu'une invitation à la chasse :

> *Bita bi bôlé te mfañ zen ! Bita bi bôlé te mfañ zen ! Tame zu àvol avô !*
> *O mfetek ! [...]*
> *Bita bi bôlé te mfañ zen ! Ela Mvondô ndôman Mvondô Ela ! Bita bi bôlé te mfañ zen ! Tame zu àvol avô ! Ziñ j'akè, ngbwa j'akè ! Ndôngô Obam, ndômane Obam Ndôngô j'aloene wo ! O mfetek ! Tame zu avôl avô !*[87]

La vivacité de l'appel amène à considérer la chasse comme une guerre, puisque qu'il s'agit d'un affrontement avec l'animal. La reproduction fidèle de contact apporte au récit une authenticité indéfectible. Ainsi donc, placer ce message tambouriné dès l'introduction au récit donne le ton sur l'ensemble du récit. La volonté de l'auteur de se mettre sous le signe de la transcription d'une réalité localité, intrinsèquement liée à l'oralité et à la

---

[86] *Nnanga Kon,* p. 10, littéralement : « le tam-tam, il parle ».

[87] « Quand la guerre est perdue, c'est le sauve-qui-peut ! Quand la guerre est perdue, c'est le sauve-qui-peut ! Que ne viens-tu pas immédiatement ? Surtout pas d'objection ! [...]
Quand la guerre est perdue, c'est le sauve-qui-peut ! Ela Mvondo, fils de Mvondo Ela, Quand la guerre est perdue, c'est le sauve-qui-peut ! Que ne viens-tu pas immédiatement ? La Haine est éphémère, l'Amitié est passagère ! Ndongo Obam, fils d'Obam Ndongo, c'est moi qui t'appelle ! Que ne viens-tu pas immédiatement ? Surtout pas d'objection ! » *Id.*, p. 10.

fonctionnalité de l'instrument montre le souci de récrire l'histoire ainsi que la culture.

On retrouve le langage tambouriné dans une autre occasion. Il s'agit de l'épreuve de lutte qui oppose les Fañ et les Boulou au chapitre 6. Dès leur entrée dans le village *fañ*, les Boulou entendent le tambour de lutte crépiter :

> *Kili ! Kili ! Kili ! Kili ! Mesiñ me se kôé, mesiñ me me ve ngul !*
> *Môt a kômbô ku mbek a kôlô si !*[88]

Dès lors, la répétition du même topos va être le moteur de la compétition, peu importe l'ordre dans lequel le tambour va le reprendre. La transcription de la scène s'appuie sur les figures de l'hypotypose et de l'*ekphrasis,* afin que le lecteur se rende mieux compte de ce qui se passe. La volonté de frapper les esprits se manifeste à travers la reformulation et l'insistance.

> *Kili ! Kili ! Kili ! Kili ! Môt a kômbô ku mbek a kôlô si ! Bulu Bulu ngam, Fañ Fañ ngam ! Mesiñ me se kôé, mesiñ me me ve ngul !*[89]

C'est alors que le discours du tambour détermine rapidement l'issue de la partie. Ce discours s'intègre dans la narration avec laquelle il forme une continuité séquentielle. Plus agressif, il traduit la véhémence des rapports dans l'arène et la ferveur du public qui joint ses cris et hurlements à la virtuosité du batteur.

Le dernier message tambouriné que je retiendrai est différent des autres. Il arrive le soir et ce moment ne

---

[88] *Id.,* p. 18. « Kili ! Kili ! Kili ! Kili ! L'âge n'est pas essentiel dans la lutte, seule la force constitue un facteur déterminant ! Que celui qui veut être renversé se lève !!! »

[89] *Id.*, « Kili ! Kili ! Kili ! Kili ! Que celui qui veut être renversé se lève ! L'âge n'est pas essentiel dans la lutte, seule la force constitue un facteur déterminant ».

peut annoncer qu'une situation grave. Les Boulou nomment ce genre d'appel « *nkul akoñ* » (l'appel lance)[90]. En effet, il décrète l'état d'urgence :

> *Bulu bese bese ! Bulu bese bese !*
> *Kililililil ! Keñ Keñ Keñ Keñ !*
> *Môt a mfetek ! Môt a mfetek !*[91]

La situation ici annoncée relève du suspense. L'émetteur du message se refuse à donner plus de précision. Dans l'économie de l'intrigue romanesque, ce message joue un rôle important dans la mesure où incite à plus d'attention et de concentration. L'appel qui concerne tous les Boulou à la fois révèle le danger qui les guette.

Conclusion

Ainsi donc, relevant de la tradition orale, le tambour d'appel s'intègre dans le récit comme élément romanesque au même titre que le téléphone dont le dialogue serait retranscrit dans le roman actuel. Comme tous les autres genres oraux évoqués, il met en situation non seulement des éléments d'un discours, mais également le discours narrativité qu'il alimente grâce à une vision du monde des Boulou.

Dans cet ouvrage dont le but est de retracer la vie dans l'univers traditionnel boulou, il va sans dire que la tradition et la culture orales prennent une place importance. Njemba Medou ne pouvait pas évoquer ici tous les genres oraux, toutefois, il en donne un aperçu.

---

[90] Dès qu'on l'entend, les femmes et les enfants se mettent à l'abri, tandis que les hommes se préparent à la guerre.

[91] *Nnanga Kon*, p. 22, « Ce message est adressé à tous les Boulou ! Ce message est adressé à tous les Boulou !
Kililililil ! Keng ! keng! Keng!
Que personne n'émette d'objection !"

Bibliographie

Abomo-Maurin, M.-R., *Ayono Ala*, épopée recueillie par Towo-Atangana Gaspard, transcrite et traduite par Abomo-Maurin, à paraître dans « Classiques Africains ».

Abomo-Maurin, M.-R., *Parlons Boulou*, Paris, l'Harmattan, 2006.

Alexandre, P., *Protohistoire du groupe beti-boulou-fañ*, C.E.A. Paris, 1965.

Alexandre, P., *Le groupe dit Pahouin*, P.U.F. Paris, 1958.

Awona, S., *La guerre d'Akoma Mba contre Abomo Mama, épopée du mvët, Abbia* Yaoundé, n° 9-10, 1965, p. 180-214.

Derive, J., (sous la direction de), *L'épopée : unité et diversité d'un genre*, Paris, Karthala, 2002.

Dugast, I., *Inventaire ethnique du Sud-Cameroun,* ORSTOM, 1949, p. 79.

Eno Belinga, S.-.M., *Littérature et Musique populaire en Afrique noire*, Paris, Cujas, 1966.

Eno Belinga, S.-M., *Comprendre la littérature orale africaine*, Les Classiques africains, Ed. St-Paul, 1978.

Eno Belinga, S.-M., *Moneblum ou l'Homme bleu*, texte publié par, avec le concours de l'Université de Yaoundé, 1978.

Fame Ndongo, J., *L'esthétique du texte artistique traditionnel et son fonctionnement à travers l'écriture romanesque*. Thèse de doctorat d'Etat en Sémiologie. Paris, 1984.

Fame Ndongo, J., *Njemba Medou Jean-Louis, Nnanga Kon*, premier roman écrit par un Camerounais. Traduit, commenté et annoté. Yaoundé, Editions SOPECAM, 1989.

Laburthe-Tolra, Ph.- Warnier J.-P. *Ethnologie-Anthropologie*, Paris, Puf, 2003.

Kesteloot, L., et Dieng, B, *Les épopées d'Afrique noire*, Paris, Karthala, 1997.

Ndong Ndoutoume Philippe dit Tsira, *Le Mvett, épopée fañ*, Paris, Présence Africaine, 1970.

Ndong Ndoutoume Tsira, *Le Mvett : l'homme, la mort et l'immortalité,* Paris, L'Harmattan, 1993.

Njemba Medou, *Nnanga Kon,* H.M.P. Elat-Ebolowa, 1932.

Towo-Atangana, G., *Le Mvet, genre majeur de la littérature orale des populations pahouines (Bulu, Beti, Fañ, Ntoumou)*, Abbia (Yaoundé) n° 9-10, 1965, p. 163-179.

Towo-Atangana, G. & F., *Nden-Bobo l'Arai-gnée toilière*, International African Institute, Oxford, University Press, 1966.

Chapitre 10 : L'oiseau fétiche ou le rôle du conte chez Goyemide

Françoise Ugochukwu[92]

La République centrafricaine compte plusieurs écrivains, souvent peu connus hors de chez eux. Etienne Goyemide (1942 – 1997), le plus célèbre d'entre eux, et qui a mené de front carrière d'enseignement et action politique, a publié des romans, plusieurs fois primés, ainsi que des pièces de théâtre et des recueils de poèmes. Son premier roman, *Le silence de la forêt,* raconte la quête d'un homme qui abandonne tout pour retrouver le sens de l'existence chez les Pygmées Babinga.

Le second, *Le Dernier survivant de la caravane,* évoque un épisode de la traite nord-africaine en pays banda, révélant la double violence de l'esclavage et de la colonisation, sujet traité à travers un récit mythique de fondation où s'enchâssent des contes. Si le premier ouvrage offrait deux contes et une devinette, le second, divisé en quatre chapitres, offre un mélange inhabituel de genres littéraires : narration, discours, chants, contes et légendes, qui replacent le conte dans le cadre de la littérature orale traditionnelle tout en le renouvelant.

Cette étude s'intéressera donc plus spécialement au conte et à ses fonctions dans les deux romans, publiés en France à un an de différence, en 1984 et 1985.

1 - Au carrefour de l'oral et de l'écrit

Les deux romans se caractérisent par le mélange des genres et se situent de ce point de vue au carrefour de l'oral et de l'écrit. Trois types de récits se côtoient dans *Le Silence*, le premier étant celui de l'itinéraire personnel du héros, au présent et à la première personne du singulier,

---

[92] *Open University, UK.*

dominé par le « je ». Vient ensuite le récit de ses souvenirs d'enfance, résumant son apprentissage de la vie communautaire, au passé (imparfait, passé simple et passé composé), dominé par le « nous ». Dans ce récit, chaque découverte individuelle est immédiatement partagée pour que tous en profitent : ainsi, l'un des enfants, parti chercher de l'eau, en revient pour annoncer sa découverte d'une liane balançoire ; les enfants se ruent alors vers la source et, de retour au village, font part de leur découverte « à tous les autres enfants du village. » (1984 : 57).

A ces deux types de récits vient s'ajouter une réflexion personnelle sur un autre volet de l'éducation traditionnelle du héros, à l'écoute des adultes. Cette éducation, qui n'est mentionnée qu'après son départ de Bilolo, l'abandon de ses fonctions et son rejet de l'éducation européenne, est elle aussi mentionnée au passé : « mon père me disait toujours » (p. 61) – conseils sur la prévention des accidents, enseignement sur les dangers ; « ma mère me disait » (p. 62), initiation au discernement des bruits et de leur provenance.

Ses lectures enfantines ont également marqué l'Inspecteur Gonaba, en particulier *Le Livre de la Jungle* de Kipling, au point que, devenu adulte, il continue à s'identifier au jeune héros Mowgli. *Le Silence* (p. 68-70) rapporte un autre récit, lu autrefois dans un avion, et à rapprocher des *Mille et une nuits* et des *Lettres persanes* de Montesquieu[93], qui relate la rencontre d'un riche Persan avec la Mort. La comparaison qui suit, entre l'expérience personnelle de la jungle de Gonaba et les aventures de Mowgli, renforcée de ses souvenirs de lecture persane, va

---

[93] Ecrites à une époque où l'exotisme était à la mode, après la vague de découvertes du seizième siècle et la traduction des *Mille et une nuits*, les *Lettres persanes* prenaient place, en 1721, dans une tradition littéraire solidement établie.

aboutir à la décision du personnage principal de continuer sa route, et c'est dans l'action qu'il inspire que le récit prend toute sa valeur d'enseignement, abordant à la fois morale et politique.

Si ses lectures ont, comme on pouvait s'y attendre, joué un rôle dans l'éducation de Gonaba, le conte oral est au cœur de ses souvenirs. Plusieurs contes réalistes se trouvent en effet enchâssés dans un récit à rattacher aux souvenirs d'enfance de ce premier roman : pendant une collecte de termites, leur mère ayant momentanément laissé les deux garçonnets seuls en forêt, ceux-ci se mettent à se raconter des histoires de gens attaqués par des panthères dans des circonstances similaires, et en particulier « la mésaventure de Biyidi, ce brave chasseur de chez nous qui ne peut plus fermer l'œil gauche, parce qu'une panthère le lui a écarquillé outre mesure pendant qu'il prenait des termites ailés. » (p. 63) Ces histoires ont un but à la fois ludique et didactique : tout d'abord briser le silence et aider les enfants à oublier leur isolement en les resituant dans le cadre villageois ; ensuite leur rappeler la leçon de l'expérience des autres en prévision d'une attaque possible ; enfin les rassurer devant le danger perçu, du fait que personne n'en est mort.

Dans les premières pages du *Dernier Survivant*, Etienne Goyemide fait dire au narrateur :

> Si, sur la grande Histoire de cette minuscule localité perdue au cœur de l'immense Afrique, le profane que nous sommes ne trouve pratiquement rien à dire, il devient subitement intarissable, volubile et quelquefois envahissant dès lors que l'occasion lui est donnée de se raconter, de raconter les petites histoires de chez nous, les anecdotes [...] qui constituent le tissu continu de la vie de chacun et de la vie de tous les jours (p. 10).

L'oralité, déjà présente, on vient de le voir, dans *Le Silence*, va jouer un rôle central dans le second roman, écrit comme une épopée orale et où discours, contes, légendes, chants et bribes d'épopées sont utilisés tour à tour et collectivement pour éloigner l'angoisse, diluer la douleur, maintenir le moral du groupe, soutenir leur espoir d'un avenir meilleur et préparer les hommes à l'attaque libératrice de la fin. Le message d'introduction du narrateur, en même temps qu'il annonce la variété et la diversité des genres oraux choisis, situe d'emblée la narration, et le conte en particulier, au cœur de la vie quotidienne où il prouve sa valeur dans son application pratique.

2 - A l'école du conte

Les cinq contes dont le gorille et la tortue (1984 : 108-110 & 142-147), le roitelet, le crapaud et le lézard (1998 : 69-76, 88-95 & 150-155) sont les héros, s'inspirent des traditions transmises de génération en génération. Le conte se présente dans les deux romans comme un fil conducteur, le cordon ombilical reliant l'individu et le groupe à leur passé, comme le révèle le cadre du second conte du premier roman :

> Il nous arrive de veiller en compagnie de nos femmes et de nos enfants, autour d'un grand feu et par beau clair de lune, en nous racontant des histoires et en nous défiant par des devinettes. Au cours d'une de ces veillées, Touka a raconté une histoire qui nous a beaucoup fait rire (1984 : 142).

Par l'intermédiaire du conte, le roman se trouve du même coup et dès l'abord placé dans une optique collective : « chez nous », c'est la communauté qui compte, plus que l'individu, et ce dernier trouve sa place au sein du groupe.

Le narrateur du *Silence de la forêt*, réfléchissant sur sa situation actuelle, égrène des souvenirs « précis, distincts et fragmentaires » et oppose « les veillées joyeuses agrémentées de contes et devinettes » à ce qui a suivi : « l'éloignement, l'école, la concurrence, les inimitiés, les rivalités, les palmarès, les hiérarchies, les classes sociales, les doués en mathématiques, les doués en français, les bons à rien, les 'peut faire mieux'. » (p. 41). D'un côté, des villageois heureux de vivre, proches de la nature, de l'autre, « les Docteurs, les Inspecteurs » censés détenir la connaissance mais stériles et consommant les productions des autres.

Les veillées de contes font partie de l'éducation traditionnelle, et le roman souligne leurs qualités, qui manquent à l'école des blancs et apparaissent en creux dans l'énumération des à côtés de l'école : elles ont lieu au cœur de la communauté et, loin d'en séparer l'enfant, elles enracinent ce dernier dans sa culture ; elles encouragent davantage l'émulation et le partage des connaissances que la concurrence ; en deux mots, elles intègrent au lieu de désintégrer. A la veillée, chacun peut conter, personne n'est exclu, et ce qui compte n'est pas tant la performance que la participation.

Le narrateur du premier roman, « inspecteur des Ecoles primaires de toutes les régions Ouest et Sud-Ouest de la République Centrafricaine » (p. 5) s'aperçoit que sa société « s'engage de plus en plus sur une mauvaise voie » (p. 42), celle d'un individualisme outrancier, mais il se sent impuissant à changer le cours des choses. Il décide alors de « partir pour mûrir, pour vivre », et le conte, quintessence de l'éducation traditionnelle, compression de connaissances ancestrales et de paroles de sagesse, éducation précieuse dont la puissance est enchâssée dans les mots, va lui apporter ce mûrissement : l'insertion de ce genre oral dans le récit est le symbole du retour du héros à la tradition.

3 - Histoires de solidarité – une réflexion sur la pratique

Le Silence relate deux contes, dont le premier est dit à Gonaba par le patriarche du campement. Leur première rencontre date du jour où Gonaba est sorti du coma ; le vieillard était alors venu à son chevet pour le soigner, avant de revenir plusieurs fois lui rendre visite, pour lui parler en compagnie des notables du campement, puis pour prendre de ses nouvelles et vérifier sa guérison. Gonaba le visite ensuite dans sa hutte et c'est là que le vieillard va lui révéler qu'il sait tout de lui. Gonaba parle de lui comme d'un guide, insistant sur ce mot, et comme d'« un véritable devin à qui on doit le respect » (p. 103), et continue à lui rendre visite, entre autres parce qu'« il a toujours de bonnes histoires à raconter » (p. 108). Un jour, Kpignawoulossé va raconter pourquoi les gorilles n'ont pas de queue. Ce conte étiologique insiste sur les relations interpersonnelles et enseigne la solidarité, nécessaire à la survie. Le conte présente toutes les créatures, Babinga compris, entourant le Grand Esprit ; le Babinga est dit impoli, récalcitrant et désobéissant ; il est donc abandonné en forêt ; la saison froide arrive, et il en souffre ; le gorille vole alors le feu et l'apporte au Babinga, sacrifiant sa queue ; le Grand Esprit chasse alors tous les animaux, qui se dispersent dans la forêt ; depuis, le Babinga chasse les animaux, à l'exception du gorille.

L'enseignement de ce conte est multiple : on y trouve d'abord résumée une cosmogonie dans laquelle le Créateur a abandonné ses créatures et d'où la transcendance est désormais absente. On y lit ensuite l'origine du feu, et l'origine et la justification de la chasse – qui tient une place centrale dans le roman. Le conte explique aussi la morphologie du gorille. Surtout, il enseigne la centralité de la solidarité sans laquelle toute survie est impossible, comme l'avait déjà démontré l'accident de Gonaba et son sauvetage[94].

Au-delà de cet enseignement, le conte vient rehausser le rôle de guide du vieillard, apparent tout au long du récit, et sert de repère et de rappel de la structure du roman : Gonaba a déjà rencontré un gorille avant son arrivée au campement ; de même, le conte sur les phacochères viendra après la chasse (pp. 116-118). Cette structure permet en outre de remarquer que le conte et son enseignement suivent l'expérience, au lieu de la précéder comme c'est si souvent le cas dans l'enseignement scolaire.

Le deuxième conte, « pourquoi les phacochères et tous les animaux qui lui sont apparentés, sont constamment en train de fouiller dans la boue » (pp. 143-147) est dit, lui, par Toukamignan, jeune chasseur du campement, marié depuis peu et dont la femme est enceinte. Ce conte tourne autour d'une affaire de voisinage, et traite une fois de plus le thème central de la solidarité : il s'agit de deux voisins, le phacochère, riche et puissant, et son modeste voisin Tortue ; Tortue emprunte au phacochère une somme modique, qu'il n'arrive pas à rembourser en temps voulu ; menacé par le phacochère et ses hommes de main, il arrive à se tirer de ce mauvais pas grâce à une ruse. Le conteur prend, comme c'est généralement le cas dans ces contes, le parti de Tortue, encourageant du même coup le partage des richesses et punissant leur accumulation égoïste, même si elle était légale.

La devinette qui a précédé le deuxième conte concerne la chauve-souris et, contrairement à la façon dont

[94] Au cours de sa marche en forêt à la recherche du campement Babinga, Gonaba tombe dans un piège à fauves et se blesse grièvement. Il est secouru par les pygmées et soigné au campement.

cette dernière est présentée dans *Le Pagne noir* de Dadié (1958 : 116-120), elle n'est pas ici décrite comme un animal privé de famille mais comme « l'animal le plus complet de la terre » (p. 142). On retrouve ici le thème du métissage biologique et culturel, fortement valorisé dans le roman, avec, en filigrane, une autre version du thème de la solidarité : la supériorité de la chauve-souris vient de ce qu'elle a emprunté un peu à chacun des animaux et peut donc s'identifier à eux.

Les contes combinent études de caractères et initiation aux relations sociales. Les défauts des puissants y sont avant tout des traits de caractère qui affectent le groupe. L'éléphant par exemple a oublié « la grande masse des plus petits, ceux qui rampent » (1998 : 71) et se soucie peu du spectacle de désolation qu'il laisse après lui. Quant au lion et à « ses hommes de main, la panthère, le guépard et tous les carnassiers » (1998 : 89), ils méprisent ceux qui ont un régime différent. Le crapaud, lui, tyrannise tous les animaux. Le Grand Esprit déteste le Babinga sans vrai motif et décide de l'abandonner en forêt « sans aucun moyen de défense. » (1984 : 108). Le phacochère semble être dans son droit en cherchant à récupérer l'argent prêté à Tortue, mais le conte l'a présenté comme riche à millions, « omnipotent » et entouré d'hommes de main, alors que la modeste tortue, sa femme et ses deux enfants « arrivaient péniblement à vivre » (1984 : 143) et n'ont emprunté, à tout prendre, qu'une somme modique. La leçon à tirer est celle de la nécessité du partage des biens et son corollaire : l'évidence que la victime trouvera toujours de l'aide, comme le Babinga a été sauvé par le gorille.

En somme, bien (bien ou mal acquis) non partagé ne profite jamais : l'éléphant mourra d'avoir dévoré les fruits du rônier, le crapaud et les siens d'avoir tyrannisé leurs sujets. Au contraire, celui qui sacrifie son bien-être à celui d'autrui est qualifié de noble et bénéficie du respect et de la protection du groupe. Le conte des crapauds présente une circonstance aggravante : même endeuillé, le monarque se refuse à apprécier la loyauté et la solidarité du groupe accouru aux funérailles « pour partager la douleur et le chagrin du chef » et pleurer autour de la dépouille mortelle de sa mère (1998 : 151). Le conte a bien gardé, dans les deux romans, sa fonction didactique traditionnelle.

4 - Un enseignement progressif

Les cinq contes inclus dans les deux romans présentent une structure similaire :

1. Un potentat/personnage important et puissant :
   l'éléphant, le lion, le crapaud, le Grand Esprit ou le phacochère
2. Fait face à un être faible, maltraité ou méprisé :
   le roitelet, le lézard, le serpent, le Babinga ou Tortue
3. Une crise survient, provoquée par une circonstance/une personne :
   la faim, la moquerie, la mort, l'hiver ou la dette
4. Le faible prend sa revanche sur le puissant
5. Le puissant disparaît,
    - par la mort : éléphant et crapaud
    - en se séparant du groupe : lion et Grand Esprit

Dans le second roman, la succession des trois contes, deux non-dits et un transmis, peut être résumée ainsi :

- dans le premier conte, le roitelet est le seul survivant de la catastrophe causée par l'éléphant et lutte contre un pachyderme soutenu par tous les animaux lourds, rhinocéros, buffles et hippopotames.

- Dans le deuxième conte, le lézard est seul contre « le lion et ses hommes de main, la panthère, le guépard et tous les carnassiers » qui ont « constitué le groupe de chasseurs le plus fort de toute la contrée. » (p. 89). Alors que dans le premier conte, les grands animaux se contentaient de rire avec l'éléphant sans vraiment mettre tout en œuvre pour lui venir en aide, les carnassiers du second récit font cause commune avec le lion dès le départ. Mais dans les deux cas, la panique s'empare finalement du groupe des grands et ils s'enfuient dans toutes les directions en abandonnant leur chef.
- Dans le troisième conte, le roi des animaux est seul – il a su se faire détester et ses sujets, encouragés par l'exemple de bravoure et d'audace du petit serpent, prêtent main-forte à ce dernier pour exterminer leur tortionnaire.

Cette progression n'est pas le fruit du hasard, et peut s'expliquer tout d'abord par la proposition que les contes sont le fruit d'une gestation intellectuelle, d'une réflexion qui s'approfondit progressivement, tout en évoluant de façon parallèle au récit principal, celui du patriarche, dont ils sont le reflet et le résumé. Il est également possible de voir dans cette progression une sorte de double répétition théâtrale avant la « première », avant la vraie performance, comme si le conte et surtout le message qu'il véhicule devaient d'abord passer par une gestation avant de sortir de la bouche ; comme si l'enseignement traditionnel reçu, enfoui et oublié du fait du traumatisme de la razzia, avaient du mal à resurgir, d'où la nécessité de répétition, de rappel du même message au moyen de deux récits différents avant que ce message puisse être délivré au troisième essai.

Dans le premier roman, les contes sont intercalés entre les pages du journal du héros, et on peut ici aussi parler de progression. Avant même de rencontrer son premier gorille en forêt, Gonaba avait entendu le témoignage de Manga le Babinga à Bilolo sur l'accueil du bébé chez ces primates et sa conclusion que « ces gorilles ne sont pas différents de nous. » (p. 28). Le conte des gorilles vient maintenant lui apporter un complément d'information, non seulement sur leur physique, mais aussi sur leur psychologie, lui offrant en même temps une leçon sur sa relation d'homme aux animaux, lui qui a si souvent et avec tant d'insistance qualifié les Babinga d'« animaux » ou approuvé ce qualificatif à leur endroit (le mot est mentionné 14 fois en quelques trente pages au début du roman).

Les deux romans partagent la même exécration de l'institution scolaire et de son caractère violent, importé, mortifère, et cette aversion explique, en contrepartie, la valorisation de l'enseignement traditionnel, et en particulier, l'éclairage porté sur le modèle de transmission du conte, avec ses répétitions et sa progression. Dans *Le Silence*, par exemple, le conte est d'abord transmis individuellement, choix qui traite Gonaba en étranger, à une époque où, au bout de onze mois et dix-neuf jours, il se sent presque complètement intégré à la communauté » (p. 107) sans pourtant en faire encore vraiment partie ; c'est plus tard, après son mariage et alors qu'il a déjà deux enfants, qu'il relate lui-même une veillée de contage dans le cadre coutumier – le conte est donc là le signe visible, la garantie d'une intégration réussie.

Pour le patriarche-narrateur du second roman, les deux contes qu'il se remémore sont plus que des souvenirs : ils résument l'enseignement coutumier reçu et qui va lui permettre, non seulement de survivre mais de persévérer avec l'assurance, reçue des contes, que les victimes seront un jour vengées. Et si les deux premiers contes de ce roman lui sont restés en mémoire, le troisième, lui, est bien dit et transmis, par un membre plus jeune de la communauté, désigné du même coup comme fils spirituel du patriarche en même temps qu'il prend sa relève. Le conte, une fois dit, devient prophétie du destin communautaire, le petit serpent reprenant en le résumant le motif des deux premiers contes : « je le dis tout haut. Je préfère crever tout de suite que de continuer à vivre dans l'humiliation perpétuelle. » (p. 153). La détermination, le défi du serpent, ce sont ceux du groupe, qui donneront aux esclaves le courage du combat final, du règlement de comptes et de la libération.

Le troisième conte reprend les messages reçus tout au long de la route : paroles éparses, discours, chants prophétiques, et cette reconnaissance donnée au conte permet de le placer au sommet des genres oraux présentés dans le roman. La simplicité du récit, la clarté de sa structure, l'évidence du message transmis, mais aussi la densité didactique et le caractère oblique, indirect du style facilitant la transmission – tout ce qui n'est dit qu'à demi-mot – font du conte et de la culture traditionnelle qui l'a tissé un garde-fou et un guide éclairé. Les deux contes étiologiques du premier roman fournissaient à l'ancien inspecteur d'académie les clefs perdues du sens de son existence, ceux du *dernier survivant* renforcent les liens des villageois avec la terre ancestrale – ils feront souvent appel à eux au cours de la marche et les transmettront à leurs enfants. Si le conte se lit comme une transposition de la réalité vécue, il possède aussi des fonctions symbolique et prophétique, captivant son audience en disant la victoire des faibles sur les forts et promettant du même coup la libération des esclaves.

5 - Une structure complexe et significative

Le Dernier survivant de la caravane est dominé par le mythe de fondation transmis aux enfants du village par le patriarche conteur et dernier survivant du groupe d'esclaves. Ce roman présente une structure complexe dans laquelle trois contes sont enchâssés comme le diamant dans son écrin et que l'on peut représenter par le schéma qui suit. L'ensemble se lit comme une suite de témoignages récupérés et soigneusement mis bout à bout par le patriarche, qui les raconte comme il se les rappelle. Son récit commence un soir, déclenché par le hurlement du hibou : l'auteur se servira souvent de cette technique, l'apparition des oiseaux ou des animaux l'amenant chaque fois à dire un autre conte et jouant d'habitude le rôle de nœud permettant de joindre les deux pièces et facilitant la lecture. Cette construction inhabituelle rend bien la déroute et le démembrement de la communauté villageoise; elle aura par la suite un effet puissant sur elle, agissant comme un fil d'Ariane offrant au groupe la solidité d'une cordée.

Le premier chant donne le ton : c'est un chant de guerre qui donne son sens moral au combat (pp. 36-37). Il est aussi prémonitoire, évoquant l'avenir, et va guider le comportement du groupe jusqu'à la fin. Ce premier chant est suivi d'un second, que le patriarche entonne avant de mourir (pp. 43-44). La seconde personne à chanter est le chef de village, incarnation de la voix des ancêtres (p. 53) ; au moment où l'avenir lui est révélé, il proclame qu'il restera un survivant pour raconter leur histoire. Son chant a un effet puissant : non seulement personne n'est capable de le faire taire, mais ce chant donne le signal d'un chant d'espoir collectif célébrant de loin la liberté à venir. Les esclaves épuisés y puisent une joie et une vigueur renouvelée. La femme du patriarche prend la parole à son tour avant de mourir, reprenant les paroles prophétiques du dernier chant: la vie continuera et l'histoire sera transmise (p. 57). A la suite d'un violent incident, le chef de village prononce encore une autre parole prophétique, pour lutter contre le désespoir et assurer les victimes de l'imminence du châtiment. (p. 63).

Les contes se situent bien dans le cours du récit attribué au patriarche, mais en marge, et se succèdent, intercalés entre les souvenirs et des bribes de texte, avec à première vue la même fonction que les souvenirs, eux aussi en marge : permettre au patriarche-narrateur et à son auditoire de marquer une pause, temps de retrait, de répit permettant de passer un moment sous silence une réalité trop violente et difficile à fixer par une attention soutenue. Le conteur/narrateur échappe ainsi à l'horreur de la violence en se réfugiant dans le monde imaginaire des contes et des souvenirs d'enfance. Cette apparente évasion est en fait vitale, du fait qu'elle renouvelle continuellement l'esprit du groupe. Loin de les confiner dans le passé et le loisir, elle les garde en vie et les encourage à la lutte, soutenus par les précieuses leçons de sagesse apprises de leur histoire collective.

Cette échappée dans le passé est insérée dans le cours d'un récit de caravane qui se déroule sur quatre jours, de l'attaque à la libération : 32 pages pour le premier jour (35-67), 70 pages pour le deuxième jour (67-137), 26 pages pour le troisième jour (137-163) et 5 pages pour le quatrième jour (163-168). Le premier conte est rappelé au matin du second jour de marche, après un premier jour essentiellement parlé, avec de nombreux discours, des chants mais aussi des cris, des pleurs accompagnant l'action. La deuxième journée au contraire s'annonce silencieuse : « nous marchions sans parler » (p. 69).

Le conte, remémoré mais non extériorisé, est donc annoncé, dans ce contexte, comme un mode d'expression alternatif, habituel des périodes de crise. [95] La pause ménagée dans le récit est encadrée par les contes, le premier étant placé en ouverture, et le second remémoré le lendemain alors que le soleil est au zénith, coupant en deux cette seconde journée quasi entièrement rêvée, vécue en marge, de conte en souvenirs, et remplaçant la pause à laquelle la caravane n'a pas eu droit, alors que la réalité se trouve réduite à quelques lignes entre deux échappées dans le passé.

Le troisième conte, lui, est dit au soir du troisième jour, après une journée nettement moins dure au cours de laquelle les esclaves ont eu droit à une pause, et signale la fin de leurs souffrances puisque cette nuit-là sera celle de leur délivrance. Il se déroule dans une atmosphère très différente des jours précédents : la journée a été meilleure et les anciens ont « choisi de dominer les événements et la situation en renouant avec les habitudes de notre village », cherchant à recréer « l'atmosphère de gaieté et de sérénité qui se dégageait habituellement de ce genre de réunion. » (p. 150) Ce dernier conte est lui aussi étiologique, expliquant « pourquoi les crapauds étaient obliges de vivre dans les mares et ne coasser que la nuit ou après une grande pluie. » (p. 150). Il est cependant le premier à être dit dans des circonstances coutumières, le soir à la veillée

---

[95] A comparer avec la production du film "les visiteurs du soir" de Marcel Carné, sorti le 5 décembre 1942, sous l'Occupation, et dont l'action est censée se dérouler au quinzième siècle dans un pays dont l'étrangeté permet d'oublier la censure et les incertitudes de l'époque.

– les deux autres étaient, on l'a vu, des réminiscences silencieuses. Le souvenir du premier conte semble avoir occupé le narrateur un bon bout de la seconde matinée, celui du second une grande partie de l'après-midi.

Alors que le récit mesure régulièrement le passage du temps par l'observation du ciel et la position du soleil, le contage abolit le temps, tandis que le souvenir substitue au temps présent un temps immémorial, lui-même aboli et complètement détaché de la réalité, « le temps ouaté et merveilleux (des) souvenirs, pour échapper à l'instant présent. » (p. 97). Cette place stratégique des contes permet en tout cas de les interpréter comme des clefs de lecture du texte, et le lieu où s'articulent les différentes parties du récit du patriarche.

De même que le second roman présente une structure d'emboîtement, en abîme, le roitelet, « un oiseau fétiche, un oiseau tabou » peut être considéré comme une figure de style, une métonymie représentant le genre du conte, et le conte comme le fétiche qui garantit « malgré le souffle de l'ouragan et la violence de l'averse, [...] que la libération est proche, que l'orage tend vers sa fin. » (p. 70).[96] Si les deux premiers contes du roman sont restés muets, c'est que l'individu doit être convaincu et prêt avant de pouvoir encourager le groupe – le patriarche est ici campé, lui aussi, comme un oiseau fétiche, celui qui symbolise la victoire du groupe dont il est la figure de proue, ce que confirme le « nous » dont il use si souvent comme dans sa remarque de la dernière page, qu'« il nous était difficile d'oublier. » (p. 168)

Comme l'écrit Gorog-Karady (1997 : 17) : « dans la très grande majorité des contes, le candidat victorieux

---

[96] L'image du roitelet annonçant la bonne fin est à rapprocher de celle de l'hirondelle annonçant le printemps et de la colombe symbole de paix.

réussit en raison d'une aide magique obtenue en contrepartie de sa bonne conduite ». De ce point de vue, on peut considérer le conte du roitelet fétiche comme la métonymie du roman tout entier et le roman comme représentant la réalité historique dont il s'inspire, ce qui permet de lire dans la libération des esclaves un événement rendu possible par une aide magique. Cette lecture se justifie en outre par l'intervention inattendue, dans la dernière partie du roman, du seuil rescapé du massacre initial, flanqué de son chien et dont la liberté de mouvement va faciliter la délivrance du groupe. Cette même lecture est de plus encouragée par l'auteur au travers des paroles du chef selon lequel « ce sont les Esprits, ce sont les mânes de nos ancêtres, qui t'ont soustrait à ce calvaire, te préservant jalousement pour t'envoyer au bon moment libérer tes frères (1998 : 158).

Conclusion

Les trois contes dont le roitelet, le crapaud et le lézard sont les héros inattendus (1998 : 69-76, 88-95 & 150-155) s'inspirent, comme ceux du gorille et du phacochère, de traditions transmises de génération en génération, connaissances ancestrales et paroles de sagesse, éducation précieuse dont la puissance est enchâssée dans les mots. Le conte captive son audience en disant la victoire des faibles sur les forts et les mauvais, mais il se lit surtout, dans le second roman, comme une transposition de la réalité vécue par les esclaves de la caravane, assortie là encore d'une leçon prophétique : la promesse de leur libération, du fait que le roitelet est un oiseau sacré dont l'apparence signale la fin de l'orage. Ces récits tirés de la mémoire du conteur lui offrent un répit salutaire tout en assurant sa survie, mais c'est lui qui choisit de conter le dernier des trois à tout le groupe rassemblé avant le dernier combat.

Il n'est pas indifférent que tous les contes insérés dans les romans considérés soient des contes étiologiques, des contes du pourquoi. A l'élite acculturée, aux enfants encore ignorants, au groupe en quête de cohésion, à la caravane d'esclaves rêvant désespérément d'évasion et cherchant à comprendre ce qui lui est arrivé, le conte offre un enracinement dans l'histoire communautaire et une explication modèle. Car en fin de compte, ce qui importe n'est pas de comprendre pourquoi Babinga et gorille se sont pris d'amitié, ou pourquoi ce primate n'a plus de queue, ou encore pourquoi le crapaud ne coasse plus comme avant. Ce qui compte n'est pas tant le contenu que la structure, la forme d'esprit forgées par le conte, et la direction qu'il imprime à la réflexion. Savoir répondre au pourquoi, c'est se rendre maître du monde dans lequel on vit et pouvoir alors inventer le comment. C'est peut-être pourquoi Manga le Babinga du *Silence de la forêt* « a réponse à tout » (p. 29), et c'est sûrement pourquoi le narrateur du *Dernier survivant* comprend le pourquoi de la mort du chef de village lors du combat final.

C'est au moment où le conteur, son récit fini, quitte la scène, que nous nous rappelons ses paroles prophétiques du début : les Africains se libéreront un jour du joug colonial, tout comme Tortue s'est libéré du phacochère, comme l'apparition du roitelet, oiseau fétiche, signale la fin de l'orage et comme les esclaves du second roman se sont libérés des Touaregs – « tôt ou tard, disait-il, la guerre reprendra, et cette fois nous en sortirons vainqueurs. » (1998 : 28).

Bibliographie

Dadié B., *Le Pagne noir*, Paris, Présence africaine, 1955, 158 p.

Gorog-Karady V., *L'univers familial dans les contes africains*, Paris, L'Harmattan 1997.

Goyemide E. *Le Silence de la forêt*, Paris, Hatier 1984.

Goyemide E. *Le Dernier survivant de la caravane*, Paris, Hatier 1985 / Le Serpent à plumes 1998.

Kipling R., *Le livre de la jungle*, Paris, Hachette 2004 (1e éd. 1894).

Montesquieu, *Lettres persanes*, Paris, Garnier-Flammarion 1964.

Sermain J-P & et Aboubakr Chraïbi (eds), *Les Mille et une nuits*, traduit de l'arabe par Antoine Galland, Garnier-Flammarion 1964, 3 tomes, (1e éd.1721).

Ugochukwu F., "Goyemide on slavery: the liberating power of the word", *Nordic Journal of African Studies* (Finlande), 2006, à paraître.

Ugochukwu F., « La dynamique des rapports interculturels chez Etienne Goyemide », *Ethiopiques* (Sénégal) n° 74, 2005, pp. 29 – 45.

Ugochukwu F., « Vie et mœurs des Pygmées - par un romancier », *Ethiopiques* (Sénégal) vol. 5 n°.1-2, 1988 pp. 232 – 241.

Ugochukwu F., « Le Silence de la forêt, un roman d'explorateur », *Annales Aequatoria* (RDC) no. 9, 1988 pp. 73 – 88.

Chapitre 11 : Sous l'égide de Perrault et La Fontaine : le cycle de Leuk revu et corrigé par Senghor et Sadji

Véronique Cornius[97]

En publiant *La Belle Histoire de Leuk le lièvre* (Senghor-Sadji : 1953), manuel scolaire à l'usage des élèves du cours élémentaire ou du cours moyen des écoles de l'A.O.F., Léopold Sedar Senghor et Abdoulaye Sadji souhaitent faire échec à la politique de la table rase qui, prônant une assimilation aliénante des populations africaines, nie l'existence d'une culture propre. Persuadés que « l'enseignement Outre-mer qui ignore les civilisations autochtones [est] un contresens » (Senghor : 1964 : 94), ils se proposent, en se fondant sur les instructions coloniales du ministre Albert Sarraut du 10 octobre 1920, relayées au Sénégal par l'inspecteur général de l'enseignement en A.O.F Georges Hardy[98], de promouvoir dans leur manuel la pédagogie de l'adaptation. Cette dernière préconise « d'adapter dans chaque colonie, au caractère des besoins locaux comme aux mentalités des races différentes, la variété des programmes et des méthodes pédagogiques » (P. Crouzet et A. Davesne : 1931)

Cette pédagogie nouvelle, inscrite dans une démarche interculturelle, passe notamment par l'abandon des manuels de lecture courante importés de Métropole qui plongent les élèves africains dans un univers inconnu et par la promotion de manuels de lectures spécifiques intégrant de façon méthodique le folklore local. C'est ainsi que *Le Tour de la France par deux* enfants est proscrit de l'enseignement primaire des colonies africaines pour être remplacé par des livres plus *adaptés*, tels que *Moussa et*

---

[97] LLACAN/INALCO.

[98] De 1913 à 1931.

Gigla (L. Sonolet et A. Pérès : 1916) ou *Mamadou et Bineta* [99] et, depuis 1953, *La Belle histoire,* autant d'ouvrages qui ont « délibérément tourné le dos à tout ce qui n'appartenait pas à l'univers des enfants africains » (B. Dadié et A. Terrisse : 5-6).

Afin de répondre à cette exigence d'ancrage dans l'environnement des écoliers, Senghor et Sadji puisent dans le fonds oral traditionnel pour composer leur livre de lecture. Cependant les deux auteurs sénégalais associent paradoxalement l'oralité africaine aux deux conteurs mondains les plus prisés par l'édition scolaire française : Perrault et La Fontaine. La référence aux deux conteurs mondains, pour étrange qu'elle soit dans un ouvrage qui s'inspire des contes africains, est une nouvelle façon de rendre hommage à l'adaptation pédagogique.

1 - Un hommage ambigu à la littérature orale africaine

Senghor et Sadji composent leur manuel de lecture courante à la manière d'un long roman scolaire semblable au *Tour de la France par deux enfants.* Pour se faire, ils convoquent des épisodes empruntés au très populaire cycle de Leuk le lièvre, répandu dans la savane de l'ouest africain, auxquels ils adjoignent des aventures de Samba, des légendes, des « questions difficiles » et des devinettes. Ils renouent ainsi avec les traditions locales qui font des différentes formes orales les supports didactiques privilégiés pour donner aux enfants une éducation morale, sociale et pratique.

Cependant, c'est un hommage paradoxal qui est rendu à la tradition africaine puisque les deux auteurs, s'ils s'inspirent de la tradition orale, font en revanche peu cas de l'oralité, délaissant la transcription fidèle et le style oral, abandonnant les formules traditionnelles d'ouverture

---

[99] A. Davesne, *op.cit.*

et de clôture, les chansons, les onomatopées et les répétitions, introduisant des descriptions de personnages et de lieux. Ils prennent même des libertés avec les récits traditionnels, s'autorisant à les altérer au profit de leurs desseins pédagogiques. En passant de l'oralité à l'écriture, les contes perdent tous les traits caractéristiques de la première si bien que la tradition orale, exaltée à maintes reprises dans différents textes théoriques, est singulièrement mise à mal au profit d'une littérarisation ambiguë.

L'oralité est par ailleurs étrangement déconsidérée à diverses reprises dans le manuel. Senghor et Sadji procèdent par deux fois à une mise en abyme de la performance orale : la femme de Bouki raconte à ses petits « l'histoire de la lune et des étoiles », tandis que Leuk divulgue à Samba les légendes des hommes. Or, le caractère mensonger de ces récits symboliquement produits en contexte d'oralité est dénoncé tandis que leur dimension symbolique est occultée : « Votre maman, dit Bouki, ne vous a raconté que la légende de la lune et des étoiles. Moi qui suis allé à l'école, je vous dirai demain ce que les savants nous apprennent sur les corps célestes qu'ils appellent les astres » (p. 71). Et l'hyène de prodiguer à ses petits une leçon d'astronomie que le *Tour de la France* offre également aux écoliers. Bouki oppose ainsi le savoir scientifique dispensé par l'école grâce aux livres et les croyances fallacieuses véhiculées par le discours oral. La supériorité de l'écrit sur l'oral est ainsi sous-entendue, puisque l'un relève du rationnel et l'autre de la superstition. Les contes oraux semblent devoir subir la médiatisation de l'écriture pour avoir droit de cité.

On est dès lors pas tant surpris de trouver sous la plume de Senghor et Sadji une allusion transparente aux *Contes* de Perrault :

> Leuk a souvent entendu parler de Mame-Randatou, la fée. Tout le monde, au royaume des animaux comme au pays des hommes, connaît la renommée de Mame-Randatou. On dit qu'avec sa baguette magique elle transforme les chats en princes galants, les citrouilles en équipages et les souris en pages (p. 26).

Les deux auteurs sénégalais s'adonnent à un plaisant pastiche du conteur académicien. Mame-Randatou est dotée des pouvoirs et des attributs des fées occidentales : elle peut, comme la marraine de Cendrillon, métamorphoser les choses et les êtres grâce à sa baguette magique. Cependant Senghor et Sadji ne respectent pas avec exactitude les correspondances burlesques auxquelles s'amuse Perrault et brouillent les données : la citrouille ne devient pas un « beau carrosse tout doré » mais tout un équipage ; quant aux souris, elles ne sont pas transformées en cheval à la robe « d'un beau gris souris pommelé » mais deviennent des pages, se substituant ainsi à la fois au rat-cocher pourvu de « l'une des plus belles moustaches qu'on ait jamais vues » et aux indolents lézards-laquais. Ils insèrent dans ce jeu de métamorphoses la mutation du *Maître Chat* qui, s'étant botté, devient le double de son maître meunier, lequel se change en beau prince charmant.

Cette intrusion des *Contes de ma mère l'oye* dans le cycle de Leuk, pour déroutante qu'elle soit, s'inscrit parfaitement dans l'idéal pédagogique de Senghor qui considère que l'enseignement doit réduire la dichotomie entre les civilisations occidentale et africaine afin de favoriser un métissage culturel enrichissant. Ce dernier est concrétisé par la double appellation de Randatou, à la fois « *mame* » (*i.e.* grand-mère) et « fée » afin de souligner le syncrétisme qui se réalise en elle : associée à la culture wolof et latine[100], elle renvoie non seulement aux vieilles femmes décaties de la tradition africaine mais également aux élégantes dames des contes mondains du XVIIème siècle, héritières des Parques romaines, toutes jouant, en dépit de leurs origines diverses, le même rôle d'initiatrices et de donatrices.

Bien que le pastiche de Perrault, inséré dans un manuel d'inspiration africaine, réalise un rêve de syncrétisme culturel, il n'en constitue pas moins une entorse au principe fondamental de l'adaptation qui écarte les auteurs français prisés dans l'enseignement métropolitain au motif qu'ils plongent l'élève africain dans une civilisation trop différente de la sienne. Or l'allusion à Cendrillon le précipite dans l'univers féerique des Mondains du XVIIème siècle qui ne correspond ni à sa réalité ni à son imaginaire.

Le discret hommage rendu à l'académicien traduit derechef la relation ambiguë que Senghor et Sadji entretiennent avec l'oralité africaine. En évoquant Charles Perrault, les deux auteurs sénégalais se mettent sous l'égide du conteur académicien qui, bien qu'étroitement associé à la culture populaire et orale depuis Sainte-Beuve qui l'a décrit cueillant ses contes à la bouche des nourrices, ne transcrit nullement des récits populaires collectés dans les milieux paysans.

S'il s'inspire de la matière folklorique dont il veut préserver aussi bien les motifs que le style narratif propre, il la considère néanmoins avec un léger dédain semblable à celui des autres conteurs mondains, Melle Lhéritier, Mme d'Aulnoy et autres Mme de Murat. Toutes la jugent grossière et estiment qu'elle doit être anoblie grâce aux ornements de l'écrit. L'effet d'authenticité auquel il parvient est obtenu à force d'un travail rigoureux sur la

[100] Rappelons que le mot « fée » vient du latin *fata*, le destin.

langue, qu'il choisisse la rhétorique de la prose ou celle de la poésie.

En se plaçant sous l'égide de Perrault, Senghor et Sadji s'inscrivent dans la lignée du conteur mondain et font subir à l'oralité africaine la même transmutation. Ils rejoignent ainsi nombre d'intellectuels qui, dans les années 50-60, ont fait subir un semblable traitement littéraire à la matière orale collectée, amenant ainsi le lecteur à rendre « hommage à une oralité aussi idéalisée que méconnue (Alain Ricard : 1995 : 42) ». Senghor et Sadji, tout comme Hampâté Ba (1968 ; 1994), Birago Diop (1961), Djibril Tamsir Niane (1960) ou Bernard Binlin Dadié (1954 ; 1955 ; 1982), prétendent vouloir sauvegarder et promouvoir leur tradition orale, alors même qu'ils la travestissent, n'en donnant à voir qu'une image altérée. Pétris de culture occidentale, ils la voient par le prisme déformant des lettres françaises.

2 - « Je me sers d'Animaux pour instruire les Hommes » : La Fontaine, imitation (1962 : 31).

Perrault n'est pas le seul à être ainsi convoqué dans *La belle histoire.* Senghor et Sadji font également allusion à un second conteur français, auteur de contes érotiques inspirés de Boccace dont il s'amuse à rimer les récits en prose : La Fontaine. Ce n'est cependant pas le conteur égrillard qui est convoqué dans leur manuel mais bien le fabuliste, celui-là même qui est honoré par les pédagogues français. Les deux auteurs sénégalais portent une nouvelle atteinte au précepte principal de l'adaptation, insérant dans un ouvrage promouvant la culture africaine celui qui est présenté par l'édition scolaire française comme « un de nos plus grands et de nos plus aimés poètes » (G. Bruno : 1877 : 269).

Se souvenant que La Fontaine incitait, dans la Préface de ses *Fables,* ses émules à le prendre pour modèle afin de le surpasser, Senghor et Sadji choisissent « de donner un autre tour » (La Fontaine, « Préface » : 7) à l'une de ses fables les plus célèbres : *Le Loup et le Chien.* Ils procèdent, au sein de leur manuel, à sa transposition dans l'univers des contes africains, inventant une entrevue entre Leuk et N'Diombor-le-lapin, son cousin, qui mime celle des deux canidés.

L'opposition nature/culture qui sous-tend la fable est transposée dans un cadre africain. N'Diombor-le-lapin est confronté à Leuk-le-lièvre dont le « poil fauve » souligne parfaitement l'appartenance à la brousse. Cependant cette caractéristique ne le rend pas aussi brutal que son *alter ego* français qui renonce à attaquer le chien que parce que « le mâtin était de taille à se défendre hardiment » ; Leuk se montre en revanche d'emblée affable. Sa courtoisie tient sans doute au fait qu'il croise son cousin dans le monde policé des hommes, le village, et non dans un environnement sauvage, contrairement au loup qui croise le chien « au fond des bois ». Leur aspect est en revanche tout aussi contrasté. N'Diombor est gras et bien nourri comme le dogue de La Fontaine tandis que Leuk est aussi efflanqué que le carnassier. La maigreur commune aux deux animaux sauvages est soulignée par une intertextualité transparente. Le vers liminaire de La Fontaine « Un loup n'avait que les os et la peau » est repris par une formule à peine transformée : « [...] tes os se voient à travers la peau ».

Les deux auteurs sénégalais reprennent sans modifications significatives la structure binaire du dialogue argumentatif qui s'instaure entre les deux protagonistes. Le lapin tout comme le chien procèdent à un vibrant éloge de la domestication tandis que le lièvre, à l'instar du loup, s'adonne à sa critique implicite. De même que le mâtin vante les avantages de sa condition, la nourriture abondante, le travail facile et peu contraignant, les caresses du maître, N'Diombor-le-lapin signale les atouts de la vie domestique : « Ma famille et moi, tu le vois bien, nous sommes nourris et entretenus comme il faut. Nous mourrons de santé » (p. 131). Mais le regard de Leuk est attiré par un indice de servitude, la cage grillagée qui retient son cousin prisonnier de même que le cou pelé du chien indique sa captivité coutumière. Clapier et pelade fonctionnent comme des métaphores de l'assujettissement et dénoncent ses conséquences insupportables :

> — Attaché ? dit le Loup ; vous ne courez donc pas Où vous voulez ?
> — Pas toujours, mais qu'importe ?

On retrouve sous la plume de Senghor et Sadji la même interrogation inquiète, suivie de la même réponse inconsciente :

> — Est-ce que l'homme, ton maître, vous laisse sortir ?
> — Nous n'avons pas besoin de sortir. Il nous apporte, ici même, ce que nous désirons.

La réaction de Leuk ne se fait pas attendre : il décline l'offre de N'Diombor de le rejoindre derrière la grille, comprenant que l'expression « mourir de santé » est pleine d'une ironie tragique et que son cousin est engraissé pour être mangé. « Adieu, cousin, lui lance-t-il, je préfère ma liberté et ma maigreur », formule qui reprend d'une façon plus resserrée la réponse du loup :

> — Il importe si bien, que de tous vos repas
> Je ne veux en aucune sorte,
> Et ne voudrais pas même à ce prix un trésor.
> Cela dit, maître Loup s'enfuit, et court encor.

La transposition de la fable de La Fontaine et son insertion dans le cycle de Leuk répondent derechef au rêve de syncrétisme culturel formulé par Senghor, qui considère qu'« [i]l est question pour la Métropole de féconder ses terres au moyen des alluvions d'humanités que nous lui apportons » (Senghor par Mohamadou Kane : 1981 : 43).

3 - La nouvelle Querelle des Anciens et des Modernes

La double référence à Perrault et La Fontaine ne manque pas d'intriguer le lecteur de *La belle histoire de Leuk-le-lièvre* tant elle semble en contradiction avec les principes énoncés par Senghor et Sadji dans leur préface : « Notre manuel se compose de récits déjà entendus par l'enfant dans sa langue maternelle et déjà vécus de lui » (L.S. Senghor et A. Sadji, p. 4.). Comment imaginer que de tout jeunes Africains aient déjà entendu les contes de Perrault ou les fables de La Fontaine durant les veillées traditionnelles et qu'un monde peuplé de loups ou de fées leur soit familier ?

Ce paradoxe se comprend néanmoins aisément si l'on accepte de considérer la portée polémique des deux textes qui s'adressent moins aux enfants qu'aux pédagogues, seuls aptes à déceler le pastiche et la transposition et à décoder leurs enjeux. Que Perrault et La Fontaine soient les deux protagonistes les plus enflammés de la Querelle des Anciens et des Modernes ne saurait leur échapper et signale que le débat qu'ils ont jadis entrepris doit être poursuivi. Senghor et Sadji réactualisent en effet dans l'univers colonial la célèbre controverse, posant de nouveau la question du modèle esthétique à suivre mais remplaçant l'opposition temporelle par des considérations culturelles.

Il ne s'agit plus tant de savoir si les auteurs antiques valent mieux que les auteurs contemporains, que de déterminer si la culture occidentale à l'origine de laquelle ils sont est supérieure à la culture africaine. Dans cette nouvelle querelle, les Anciens seraient les pédagogues adeptes de la table rase qui jugent que les auteurs français ont atteint une perfection telle qu'il convient de les imiter et de les insérer dans les manuels scolaires de l'A.O.F. ; les Modernes, quant à eux, seraient assimilables à ceux qui promeuvent l'associationnisme, au risque d'enfermer les jeunes Africains dans un ghetto culturel. L'adaptation à laquelle sont attachés Senghor et Sadji apparaît comme la position médiane adoptée par les conciliateurs qui voulaient harmoniser les deux camps rivaux de la Querelle, arguant que l'on doit tenir compte des apports antérieurs et les adapter à des situations nouvelles. De même Senghor et Sadji considèrent-ils qu'il faut adjoindre la littérature orale africaine à la littérature écrite française afin de faire progresser les deux cultures.

C'est dans ce cadre idéologique qu'il faut replacer la référence aux deux auteurs de contes littéraires, si surprenante au sein d'un ouvrage qui s'inspire des contes oraux. Le pastiche et la transposition reprennent tout leur sens dans ce contexte car ils apparaissent comme la manifestation d'un syncrétisme culturel possible, une sorte de « défense et illustration » du métissage littéraire. Si Senghor et Sadji s'évertuent, dans la majeure partie de leur ouvrage, à transposer la tradition populaire orale africaine dans une langue et un média occidentaux, comme y encourage l'inspecteur à l'enseignement colonial Georges Hardy dans les colonnes de son *Bulletin de l'Enseignement en A.O.F,* ils s'adonnent à l'exercice inverse dans ces deux passages où la culture française est africanisée. Leur initiative est tout à fait comparable à celle d'André Davesnes, inspecteur de l'Instruction publique auteur de la série des *Mamadou et Bineta,* qui conseille aux instituteurs de faire « venir en classe un conteur africain qui, dans le dialecte local, racont[er]ait aux enfants, avec sa mimique habituelle — si merveilleusement expressive — une fable du pays aussi vivante que possible » (A. Davesne et J. Gouin : 1952, rééd. 1995 : 4) afin de les aider dans leur apprentissage du français.

On ne saurait mieux réaliser la fusion entre les deux cultures et le vœu de bicéphalisme pédagogique que préconisent Senghor et Sadji, fondé sur l'enseignement des deux cultures, africaine et française, dans le cycle primaire :

> Nous pouvons, à présent, poser ce principe général, que l'étude de l'Afrique occidentale et de la France doit constituer les deux pôles de l'Enseignement en A.O.F. et que ce *bicéphalisme* se retrouvera à tous les degrés. A mesure que l'on avancera, le pôle de l'Afrique perdra de sa force d'attraction au profit du pôle France. Il s'agit de partir du milieu et des civilisations négro-africaines où baigne l'enfant; ce dernier doit apprendre à en connaître et exprimer les éléments dans sa langue maternelle d'abord, puis en français. Peu à peu, il élargira, autour de lui, le cercle de l'univers où, homme, il sera engagé demain. (L.S. Senghor, *Liberté I, :* 14).

Nombreux sont les paradoxes qui se font jour dans *La belle histoire de Leuk-le-lièvre.* Paradoxe d'une littérature orale exaltée mais dans un même temps, mutilée et minorée. Paradoxe de l'intrusion de conteurs français dans un ouvrage inspiré de contes africains. Paradoxe enfin du recours à l'histoire littéraire française pour traduire un attachement profond à l'oralité africaine et à la pédagogie de l'adaptation qui la met en valeur. Senghor et Sadji sont si empreints de littérature française qu'ils adoptent des procédés équivoques qui rendent leur hommage à la tradition orale ambigu.

Bibliographie

Ba, H., *Kaydara*, Paris, Classiques africains, 1968; *Petit Bodiel et autres contes de la savanes,* Paris, Stock, 1994.

Bruno, G. (A. Fouillée), *Le tour de la France par deux enfants, Devoir et patrie, Livre de lecture courante*, Paris, Belin, 1877.

Crouzet, P. et Davesne, A., « Préface », *Mamadou et Bineta apprennent à parler français, Cours de langage à l'usage des écoles africaines, Classe de débutants et cours préparatoire. (Livre du maître),* Paris, Librairie Istra, 1931.

Dadié, B.B., *Légendes africaines*, Paris, Seghers, 1954 ; *Le Pagne noir,* Paris, Présence Africaine, 1955 ; *Contes de Koutou-as-Samala*, Paris, Présence africaine, 1982.

Dadié, B.B., et Terrisse, A., « Préface », *Les Belles Histoires de Kacou Ananzé, l'Araignée, cours élémentaires*, Fernand Nathan, sans datation.

Davesne, A. et Gouin, J., *Mamadou et Bineta sont devenus grands, Livre de français à l'usage des cours moyens et supérieurs des écoles de l'Afrique noire,* Librairie Istra, 1952, réédité par Edicef, Vanves, 1995.

Diop, B., *Contes d'Amadou Koumba,* Paris, Présence africaine, 1961; *Nouveaux contes d'Amadou Koumba,* Paris, Présence africaine, 1961.

La Fontaine, J. (de), « A Monseigneur Le Dauphin », *Fables,* Paris, Edition de G. Couton, Garnie, 1962.

Ricard, A., *Littératures d'Afrique noire, des langues aux livres,* Paris, CNRS Éditions, Karthala, 1995.

Senghor, L.S, et Sadji, A., *La belle histoire de Leuk-le-lièvre,* Paris, Librairie Hachette, 1953 ; réédité par EDICIF en 2000. Toutes les citations ultérieures de ce manuel proviennent de cette dernière édition

Senghor, L.S., « Le problème culturel en A.O.F. », *Liberté et humanisme,* Paris, Editions du Seuil, 1964.

Senghor, L.S., *Intervention à l'Assemblée Nationale Française,* Séance du 18 septembre 1946, cité par Mohamadou Kane, *Essai sur les contes d'Amadou Coumba,* Les Nouvelles Editions Africaines, Abidjan-Dakar-Lomé, 1981, p. 43.

Sonolet, L. et Pérès, A., *Moussa et Gi-gla. Histoire de deux petits noirs. Livre de lecture courante,* Paris, Librairie A. Colin, 1916.

Tamsir Niane, D., *Soundjata ou l'épopée mandingue,* Paris, Présence africaine, 1960.

Chapitre 12 : L'oralité dans l'œuvre de Venance Konan : de l'épique à l'anti-épique

Léontine Gueyes-Troh

Dans la préface du premier roman de l'écrivain ivoirien Venance Konan, *Les Prisonniers de la haine*, on lit sous la plume du journaliste ivoirien Turbuce Koffi :

> *Les Prisonniers de la haine* n'est pas l'œuvre d'un styliste dans le sens littéraire et linguistique du terme ; c'est-à-dire, dans le sens du style défini comme écart par rapport aux normes de la langue. La qualité particulière de ce roman me semble tenir de la fable, de la narration des faits, du rythme (allègre et soutenu), de la belle simplicité des images et de la charge d'émotion qui irradie les scènes, enfin de la qualité de la réflexion. On trouvera ici des interrogations graves sur l'Afrique et l'homme africain (2003 : 8).

On retrouve cette réflexion dans la préface de son recueil de nouvelles, *Robert et les Catapila.* Jean Marcos termine ainsi ses propos :

> Beau livre mon élève[101] ! Tu es en prise directe avec le monde contemporain. Mais comme mon éducation m'interdit de terminer avec des félicitations, je voudrais, pour finir, exercer mon privilège de Vieux Maître et tendre mon doigt magistral sur une quasi-absence fort critiquable à mes yeux : celles des africanismes. Absence de cette langue qui, peu à peu, est en train de s'inventer sous nos oreilles. On va me rétorquer que le Nom Catapila est un africanisme. C'est vrai ... mais c'est le seul africanisme du livre, c'est trop peu pour ma gourmandise. Peut-être parce que j'aime beaucoup ce talent particulier de certains écrivains, par exemple Camilo José Cela ou Amadou Kourouma.

Les deux critiques sont ainsi d'avis que le style de l'écrivain Venance Konan s'éloigne de la langue

---

[101] Jean Marcos, auteur réalisateur, est un ancien professeur de lycée de Venance Konan.

truculente des aînés. Serait-ce des signes du rejet de l'africanisation du discours chez les écrivains négro-africains de la nouvelle génération ? Celle-ci s'affranchirait-elle ainsi de l'africanisme autant que la génération précédente avait rejeté l'académisme de celle qui la précédait ?

L'œuvre de Venance Konan semble prôner, en effet, un type nouveau de traduction du riche patrimoine oral négro-africain. Le dessein de prendre une voie différente de celle des écrivains de la seconde génération y est manifeste. L'écriture mise brutalement en présence des transformations qui s'opèrent dans les sociétés actuelles est en train de « se tailler » un sentier nouveau. L'écrivain est ou semble écartelé entre la traduction du discours oral populaire et la parole profonde des sages de l'Afrique. Le souci de ne rendre compte que de la vieille littérature orale, une parole non inventée par les contingences actuelles, s'exprime comme une priorité. « Allègre et soutenu », les récits s'adressent à tous, voulant toucher chacun dans sa singularité par « la belle simplicité des images et la charge d'émotion qui irradie les scènes ». L'écriture aspire ainsi à marquer et à provoquer une réaction ou une transformation du lecteur. Pour tout dire, l'œuvre de Venance Konan cherche son inspiration esthétique dans les premières formes écrites de l'oralité et particulièrement dans l'épopée. Comment apparaît l'épopée dans son œuvre ? La réponse à cette interrogation s'articulera autour de deux axes : l'évocation du passé et l'écriture épique d'une part et, l'absence des combats collectifs et la dégénérescence des valeurs aux temps actuels, expression d'une écriture anti-épique, d'autre part.

1 - Evocation du passé et écriture épique :

Quelle que soit la société considérée, l'épopée conserve le sens d'un genre littéraire qui célèbre un héros ou un grand fait historique. « La chanson de Roland, Soundjata ou l'épopée Mandingue, Chaka ou l'épopée bantoue, L'épopée d'El Hadj Omar »... montrent l'avènement de grands chefs guerriers et religieux dont le dessein est d'instaurer un nouvel ordre social, politique ou religieux. Lilyan Kesteloot fait remarquer, à ce propos, que l'épopée est : « Un miroir où une société se reconnaît, se complait, se justifie et se glorifie. A ce public, à ce peuple qu'elle reflète d'autant plus fidèlement qu'elle veut le séduire, l'épopée [...] propose des modèles, des héros, des valeurs et des anti-valeurs »[102]. L'épopée s'inscrit ainsi dans l'histoire d'une communauté. Chaque peuple possède donc ses épopées. Elles sont de ce fait fondatrices d'une littérature et particulièrement d'une littérature nationale. Comme toute œuvre littéraire, l'épopée, à partir de la matière historique, veut plaire en tant que célébration de belles actions et des hommes de mérite. Son but est avant tout d'émerveiller par le langage. Elle passe pour une combinaison du poème, de chant, du narratif et du merveilleux le tout rehaussé par l'usage de figure de style telles que l'hyperbole, l'énumération, la comparaison, la métaphore...

L'écriture épique est au cœur de l'œuvre de Venance Konan. Le désir d'inscrire son récit dans un cadre connu, la Côte-d'Ivoire, manifeste dans l'œuvre, dénote le souci de raconter l'histoire d'une communauté. Des personnalités dont Zadi Kessy, Barthélemy Kotchy, Félix Houphouët Boigny etc, des lieux d'actions tels que

---

[102] Lilyan Kesteloot, *L'Epopée Bambara de Ségou*, Tome 1, Paris, L'Harmattan, 1993, p. 19.

Abidjan, Yamoussoukro, Toumodi, Treichville, Cocody, ont une existence réelle. De même, tout Ivoirien et toute personne vivant en Côte d'Ivoire sont capables de reconnaître les faits évoqués. Venance Konan ne s'en cache pas et confie à confrère : « Il est clair que j'ai voulu croquer effectivement l'actualité ivoirienne »[103]. Ce désir de l'auteur de « croquer l'actualité » de son pays se subsume à une volonté qui est de relater l'histoire de sa fondation. Plusieurs récits de figures héroïques parsèment les textes.

- Robert et le récit du héros chasseur

C'est par le jeu des analepses que l'auteur ramène son lecteur à l'histoire de la fondation de la Côte-d'Ivoire. Robert, un personnage de la première nouvelle de *Robert et les Catapila* révèle que ce pays n'était au départ qu'« un minuscule village » né sur un champ de bataille. La naissance de la Côte-d'Ivoire est ainsi intervenue dans un univers de chaos et de conflit. Le premier motif de l'épopée est ainsi énoncé « car le nerf et le cœur de l'épopée c'est le conflit, c'est la guerre » [104] souligne Lilyan Kesteloot. Poursuivant son récit, Robert rapporte que son aïeul, fondateur du village, « était un grand chasseur » (2001 : 34) ; cet ancêtre jouait donc ainsi un double rôle social important : combattre les prédateurs et subvenir à la subsistance de la communauté. Le qualificatif « grand » traduit son statut de chasseur exceptionnel. Ainsi que le soutient Jean Dérive : « Que ce soit donc dans l'ordre politique ou dans un autre, le héros épique se caractérise comme celui qui est en haut dans la

---

[103] Le quotidien *Le Nouveau Réveil* n°1105 du 22 août 2005.

[104] Lilyan Kesteloot et *alii*, *Epopées d'Afrique de l'Ouest, épopées médiévales d'Europe*, Paris, Publidix Université Paris X, Actes du séminaire, *Littérales* n°29, 2002, p. 96.

hiérarchie dans son domaine qui est pertinent pour l'enjeu du récit »[105]. Aussi, tout ce qui est relatif au chasseur est-il représenté à l'extrême, avec « force superlatifs ».

Selon Robert, il était « tellement fort que d'un seul coup de poing, il a assommé un très gros gorille… » (2005 : 34). Autant dire que ce chasseur possédait une force supra humaine pour avoir affronté un animal très fort. Le gorille, en effet, est un singe géant au corps broussailleux. En plus d'être géant, le gorille affronté par le chasseur était « très gros ». Le superlatif absolu traduit son potentiel destructeur phénoménal. En outre, cet animal est une créature d'exception. Le gorille est un mammifère, proche de l'homme. Il a une face nue, des mains et des pieds terminés par des doigts. Ce singe passe ainsi pour un mélange de deux natures : humaine et animale. Il met en cause la séparation des espèces voulue par Dieu. C'est une créature humaine contrefaite. Le singe est aussi celui qui contrefait les actions et les gestes d'un autre. Le singe est, de ce fait, ennemi de l'Ordre et de l'Harmonie. Tout ce qui est relatif à cet animal constitue, en somme, figure d'un désordre, d'un trouble.

Le chasseur aurait vaincu un adversaire doté de forces physique supra humaine et occultes. Ceci est d'autant plus vrai que Dom Pierre Miquel, rapporte : « Les anciens égyptiens, étonnés par les gesticulations et les cris des singes au lever et au coucher du soleil, en avaient conclu qu'il adorait cet astre »[106]. La tradition chrétienne n'affirme-t-elle pas que Satan, « adversaire » en hébreux,

---

[105] Jean Derive, *L'épopée, unité et diversité d'un genre*, Paris, Karthala, 2002, p. 139.

[106] Dom Pierre Miquel, *Dictionnaire symbolique des animaux*. Paris, Ed. Léopard d'or. 1991, p. 271.

encore appelé la « Bête » ou « Ange de l'Abîme »[107], chef des esprits du mal cherche-t-il constamment à imiter Dieu ? Il aspire, même, être son égal souligne le prophète Esaïe : « Je monterai sur les sommets des nues [...] Je serai semblable au Très Haut »[108]. Pour tout dire, le gorille, une illusion de l'homme, ne pouvait être qu'une œuvre ou un adepte de Satan. C'était un être démoniaque. La bataille fut une lutte gigantesque du Mal contre le Bien. Il est donc indéniable que le chasseur a affronté et vaincu la « Bête ».

Un autre trait de la force phénoménale du chasseur est son extrême dénuement. Il ne possédait pour tout arme que « le poing ». Or « l'arme est l'élément accessoire visible ou virtuel qui traduit la puissance du guerrier. Ou encore, c'est par son arme (ou ses armes) que le guerrier se sent ou se sait puissant »[109]. Dans la nouvelle de Venance Konan, en revanche, le chasseur s'est battu à mains nues dans un corps à corps avec un être d'épouvante. Toutefois, l'absence d'arme de combat ne fut point un handicap. « Un seul coup de point » mit hors d'état de nuire le géant gorille. L'action impressionne par son éclat. Les temps et la répétition du verbe d'action « assomma » ou « a assommé » laissent transparaître la rapidité et la force physique extraordinaire du chasseur. Aucune créature n'aurait pu résister à une telle fougue. Qui plus est, le verbe « assommer » signifie « tuer à l'aide d'un coup violent sur la tête ». La redoutable puissance physique du chasseur se lit aussi par l'unique coup, fatal à

---

[107] Chantal Labre, *Dictionnaire biblique culturel et littéraire*, Paris, Armand Colin, 2002, p. 270.

[108] La Bible, éd. L. Segond, Esaïe 14v13-14.

[109] Lucien Ditougou, « La chanson de Roland et le Mvett : de la ductilité comme principe de régulation de la guerre. » in *Epopées d'Afrique de l'Ouest, épopées médiévales d'Europe*, p. 344.

l'ennemi. La bataille ne fut qu'une formalité pour ce héros. Cette aisance démontre une fois de plus la vaillance du chasseur. Son acte dépasse l'entendement humain.

Ce chasseur était indiscutablement un vrai héros épique comme le fait remarquer Simone Weil : « Le vrai héros, le vrai sujet, le centre de L'Iliade, c'est la force. La force qui est maniée par l'homme, la force qui soumet les hommes, la force devant quoi la chair des hommes se rétracte » (Simone Weil, Gallimard, 1953). Ce qui constitue l'âme de l'épopée, en clair, c'est la force sur le champ de bataille. Elle permet de vaincre les plus âpres résistances. Ceci est d'autant plus vrai que le cadre de la bataille, la forêt, est le lieu du règne d'une flore et d'une faune dangereuse. Contrairement à la savane, la forêt est un espace touffu ne permettant pas une mobilité et une visibilité aisées. Ce lieu passe aussi pour le monde des ténèbres où selon Lilyan Kesteloot « la force du pouvoir encore masqué, s'accumule »[110].

La forêt est ainsi symboliquement connotée comme le lieu où règnent les puissances occultes. C'est un espace magique ou mystique peuplé d'êtres puissants et surnaturels. Si elle est inconnue à l'homme, en revanche, c'est le lieu de résidence du gorille. Le cadre du combat, symbole de nombreux et gigantesques obstacles naturels et surnaturels, a été surmonté par le chasseur. La puissance physique et surnaturelle de « la Bête » ajoutée à la dangerosité du lieu n'ont pas été un obstacle à la victoire du chasseur héros. Par ailleurs, la comparaison implicite du chasseur avec des héros célèbres ou connus participe d'un autre procédé sous-jacent de valorisation de son héroïsme et de son caractère épique. Il est la figure de Chaka, qui, seul, a tué un lion et une hyène dangereuse ou

[110] Lilyan Kesteloot et alii, *Epopées d'Afrique de l'Ouest, épopées médiévales d'Europe*, *Op. cit.*, p. 96.

encore Ulysse, venu à bout du sanglier monstrueux (Odyssée, chant XIX) pour ne citer que ces deux héros.

Le mal conjuré, Robert, l'ancêtre, comme tout héros épique, s'est activé à l'instauration d'un ordre nouveau. « Quand mon aïeul a découvert cet endroit où il y avait tout [...] il est allé chercher tout le monde pour partager avec eux ce que Dieu avait donné ». (2005 : 34-35). L'héroïsme a signifié pour ce chasseur un geste d'amour, d'élan vers l'autre. La racine du mot héros (hêrôs), de la même origine que celle qui désigne l'amour (êrôs), illustre leur imbrication. Le chasseur draine alors derrière lui une foule. La soumission des autres communautés se fit sans aucune résistance. Le cœur des groupes humains a été conquis. Ils ont reconnu en lui un envoyé de Dieu. Dans leur imaginaire, ce chasseur aurait une origine divine du fait d'avoir bénéficié de l'aide de Dieu dans la découverte de cette portion de forêt « où il y avait tout ». Il apparaît ainsi un autre trait épique du chasseur héros : son ascendance divine. Elu de Dieu, il a combattu pour le bien-être de l'homme. C'est pourquoi, son ambition a dépassé la personne pour atteindre la collectivité.

Ceci est d'autant plus vrai qu'aussitôt la forêt conquise, il a institué l'unité des tribus dispersées. Il « est allé cherché tout le monde » mettant ainsi fin au chaos initial, à la dispersion, à l'errance et à la lutte solitaire. L'ancêtre fut la figure du pacificateur et de l'unificateur. Du stade familial, donc individuel, le village est passé au stade tribal. Cet état se traduit également en substance dans le texte par les termes et expression, « aïeul », « famille », « tout le monde », « village », « tribu ». Le « moi » individuel s'est effacé au profit du « moi » social. Outre ces différentes caractéristiques, le récit de Robert insiste sur le rôle magico-religieux du chasseur, un autre trait distinctif du héros épique. Apprécions les scènes de la vie quotidienne du groupe humain reconstituées par Robert dans la nouvelle :

> A cette époque, notre village était minuscule, perdu au milieu de la forêt. C'était de cette forêt que nous tirions l'essentiel de nos ressources. Nos besoins n'étaient pas énormes et la forêt y pourvoyait largement. Elle nous fournissait des aubergines, des tomates, des piments, des graines de palme, des bananes, des tarots, des ignames, des gombos, de la viande, bref tout ce qu'il nous fallait pour nous nourrir. Nos femmes cultivaient un peu de riz aux abords du village et le vendaient pour acheter les autres choses que la forêt ne pouvait nous offrir. Quelques hommes cultivaient aussi du café et du cacao, mais ils n'étaient pas beaucoup (2005 : 16).

Le chasseur est décrit par la métaphore de la forêt. En effet, il figure la sphère protectrice, la mère nourricière et enveloppante. Il se distingue ainsi par sa grandeur. Robert soutient, à ce propos, que Le village était « perdu au milieu de la forêt ». La forêt était donc un territoire sans frontière précise. Or la grandeur est synonyme de bienveillance, de noblesse. « Eculé », « le village » n'avait, en outre, aucun autre point de référence que lui-même. Comme une sorte d'âge d'or, les habitants vivaient heureux à l'abri de peu de contraintes extérieures. Ils vivaient à l'abri des travaux pénibles, contraignants et des fatigues. Ils étaient libres de s'adonner à l'activité de leur choix. Le peuple était maître chez lui.

Ceci démontre l'esprit pacifique du chasseur. Il n'usait d'aucun abus d'autorité. Il n'avait rien d'un despote. En revanche, il symbolise la puissance aimable. Par ailleurs, certaines récurrences : « la forêt pourvoyait en tout » ou « c'est de cette forêt que nous tirions l'essentiel de nos ressources » traduisent son autonomie et ses richesses abondantes. L'expression « il y avait tout » renforce l'infinie richesse de la forêt. Ses nombreuses et inépuisables ressources préfiguraient d'un avenir radieux, d'une vie d'abondance éternelle, de l'éternité même. L'énumération de nombreux produits vivriers confirme cette prospérité. Le chasseur fut, en clair, un chef généreux qui faisait preuve de prodigalité. En outre, l'unité de tous les habitants, à travers la récurrence des pronoms personnels de la première personne du pluriel « nos, nous », est célébrée comme une spécificité, un principe de vie. Les habitants ignorent la propriété privée. L'intrusion de l'économie de marché symbolisée pas la culture du café et du cacao n'a entravé en rien l'harmonie, l'autonomie et le collectivisme.

Le sentiment d'appartenance à une communauté est donc au-dessus de tout. Le village « éculé dans la forêt » était certes un milieu nourricier, un espace de liberté, d'abondance, de sécurité mais surtout démontrait une vie en symbiose avec la nature. De façon plus perceptible, sous le guide du chasseur, la tribu vivait en totale harmonie avec la faune et la flore. Il a permis la pacification des éléments de l'univers, mieux la fusion totale de l'homme et de la nature. Ce fut l'unité retrouvée, le temps où l'univers était homogène et cohérent, le temps des origines où Tout était Un. C'est la manifestation de l'harmonie universelle au point que morts et vivants se côtoyaient. Certains morts revenaient à la vie par de nouvelles naissances dans la famille.

> Les Baoulés disent que l'âme va à Blolo, l'autre monde, pour recommencer une vie, au terme de laquelle, elle revient dans ce monde-ci en se réincarnant dans un autre corps. Où est Blolo, cet autre monde ? Il ne doit pas être loin du nôtre puisque des âmes viennent parfois déranger les marmites de nos mamans dans les cuisines, à la recherche de nourriture. Et à chaque fête des ignames, on met du foutou mélangé à de l'huile rouge, dans un coin, sous le canari, à l'intention des morts. (2005 : 144 -144).

Le retour des morts à la vie est l'expression de la continuité de la vie, de l'éternité. Les bénéficiaires échappent à la fragilité humaine, à l'éphémère. Revenir à la vie, c'est suspendre le cours du temps, c'est franchir la limite qui sépare l'humanité de la divinité. L'épopée de Gilgamesh rapporte qu'il a recherché en vain l'immortalité suite à la mort de son ami Enkidou. Mais il ne l'obtiendra jamais. Il sera condamné à mourir. Seul les dieux sont donc immortels. Or, l'existence de l'homme éternel était possible dans la société bâtie par le chasseur. On note ainsi la présence de Dieu en l'homme. Autant dire, au-delà du merveilleux, un trait de l'écriture épique, le chasseur héros a apporté, outre, la sécurité, la prospérité, la vie éternelle à son peuple.

Le récit de Robert est donc une geste héroïque. Conformément aux lois générales de toutes les épopées, le héros était un être semi divin. Il a été confronté à des embûches non des moindres Il s'est révélé par des exploits. Il a instauré l'unité primordiale du monde et donc l'ordre crée par Dieu. Il a apporté sécurité, protection, autonomie, unité, prospérité et immortalité à son peuple. Subsidiairement, ce chasseur pourrait être inscrit dans la classe des héros des épopées que Lilyan Kesteloot et Bassirou Dieng appelle « les épopées corporatives ». Contrairement aux épopées dynastiques ou royales, religieuses, claniques ou mythologiques, les épopées corporatives sont de grands récits héroïques liées à l'exercice d'une profession ou d'une activité particulière : la chasse, la pêche, le pastorat. [111]

A l'instar de Robert, un autre personnage, le Président Houphouët, relate une autre face glorieuse de la Côte-d'Ivoire.

---

[111] Lilyan Kesteloot et Bassirou Dieng, *Les Epopées d'Afrique noire*, Paris, Karthala, 1997.

- Houphouët, le héros bâtisseur et rassembleur ou la continuité narrative

C'est dans le premier roman, *Les Prisonniers de la haine* que se lit le récit d'Houphouët. Il est une continuité de celui de Robert. Le narrateur rapporte :

> La nouveauté dans les propos du Président était les réminiscences du passé. Depuis quelques temps, ses discours tournaient autour de ce qu'il avait fait avant et pendant l'indépendance. Il rappelait régulièrement qu'il y avait à peine trois ingénieurs et deux avocats au moment où la Côte-d'Ivoire accédait à l'indépendance, et que c'est avec cela qu'il avait réussi à bâtir ce pays qui suscitait tant de jalousie. Mais cette année, il ajouta qu'il fallait bannir de nos cœurs la haine et l'envie.
>
> - « Ça, c'est pour l'opposition » se dit Cassy. Sous la pression de la rue et de la communauté internationale, l'opposition légale avait été autorisée […] Le président termina son discours, comme tous les autres depuis quelques temps, par « Dieu est amour. » (2003 : 15)

Houphouët se présente comme un « grand guerrier » qui a instauré un nouvel ordre social après avoir tenue en échec l'autorité coloniale quoique plus puissante que lui. Ce fut l'effondrement du mythe du colon invincible. La Côte-d'Ivoire moderne serait aussi née dans un univers de chaos, de désordre social engendré par la présence de l'envahisseur. Etant entendu que la présence des Blancs avait profondément subverti les valeurs traditionnelles.

Un autre conflit périlleux auquel fut confronté le Président et qui fait de lui un héros, fut relatif à la construction d'un Etat économiquement et politiquement puissant pratiquement sans moyens significatifs. Houphouët ne disposait, selon lui, que d'« à peine trois ingénieurs et deux avocats ». Le projet, au départ, semblait insensé. C'est une action impossible. C'est un défi. Etant entendu que le défi est un motif de l'épopée. Toutefois, cette absence de personnes qualifiées et de peu de moyens n'a pas été un obstacle à la construction d'un Etat puissant, prospère et moderne. L'action du Président eut ainsi la forme d'une révolution sociale.

Tout comme l'ancêtre de Robert, son projet a consisté à la restauration d'un nouvel ordre social fondé sur une vision nouvelle de société. A l'orée de l'indépendance, il voulut annuler le temps du colon, de la servitude, de l'humiliation, de l'anarchie, de la misère. La volonté de créer un Ivoirien nouveau, un modèle d'homme pour la société ivoirienne nouvelle fut la priorité du Président. Un autre désir du Président est de sacrer son peuple aux yeux du monde. Sa politique passe ainsi pour fondée sur une ambition de la grandeur collective. Son idéal dépasse sa personne pour le peuple, la race. Le président a réussi son pari d'autant que la Côte-d'Ivoire moderne suscite, selon lui, bien des « jalousies ».

Le troisième conflit dont le Président fut sorti victorieux et qui parachève son caractère épique a été d'ordre social. Il s'est déroulé à l'intérieur de sa patrie contre les opposants, les bras séculiers de l'Occident. Ce fut une autre forme de lutte des forces progressives contre les forces rétrogrades. Ce conflit opposa le héros Président dévoué pour sa nation défendant les meilleures valeurs sociales contre ceux qui n'en possédaient pas. C'est avec insistance qu'il répète qu'il les a lui-même instituées : « c'était le même discours que Cassy entendait des années, depuis même qu'il est né » (2003 : 15).

Le discours d'Houphouët a consisté à exhorter, sans cesse, ses compatriotes à une énergie de pionnier, à l'amour du travail, au respect des croyances sacrées et surtout à l'unité. Houphouët transcende tout sentiment d'hostilité et de haine. Il prône une osmose des tribus. Pour lui, l'unité nationale doit rester le but stratégique fondamental. L'autre attribut important de ce héros réside ainsi dans l'effacement de la violence de son champ d'action. Il passe pour indiscutablement un héros épique aux multiples exploits extraordinaires. Il fut le prototype du parfait héros vaillant, bâtisseur, rassembleur et endurant. Le Président continue de tenir en échec les actions de ses adversaires en dépit, de leur puissance, de leur nombre et de son âge avancé. En effet, il « avait officiellement quatre-vingt-six ans, mais personne ne savait son âge réel. On disait qu'il en avait plus. » (2005 : 15). Houphouët donne ainsi d'indiscu-tables preuves de sa supériorité sur le commun des mortels.

C'est un héros invincible. Sa sagesse, Sa grandeur, son intelligence, sa puissance surpassent celles de tous. Sa longévité dépasse celle du commun des mortels. Tout concourt à mettre en évidence la puissance magico-religieuse du Président. On peut donc en déduire que Houphouët possède également des liens avec le pouvoir surnaturel. Il incarnerait, en clair, la cohabitation des forces divines avec des forces chtoniennes. Houphouët est un demi-dieu. Ces qualités suscitent chez le peuple un profond respect et une soumission totale : « Houphouët-Boigny venait de se faire réélire pour un mandat qu'il n'envisageait pas être le dernier » (2003 : 45). A la mythification personnelle s'ajoute une célébration collective. On lit :

> Lorsqu'il était enfant, il (Cassy) allait passer ses grandes vacances scolaires au village, chez ses grands-parents, et il connaissait tous les chants d'oiseaux. Celui-là avait un chant mélodieux qui lui rappelait son enfance, lorsqu'il gambadait dans la forêt avec son grand-père (2003 : 136).

Le personnage témoigne ainsi que l'ère du Président était synonyme de bonheur vrai, d'amour, de force pétulante et de liberté. Les hommes étaient libres de

« gambader dans la forêt ». C'était l'époque de l'insouciance, de l'épanouissement physique et intellectuel. Les hommes étaient en outre à l'abri de tout danger et de tout besoin. Le lieu de vie était un milieu de délice. Rien ne pouvait entraver l'épanouissement durable de l'homme. De plus, l'enfant recevait une instruction efficiente pour le guider. Enfin, l'homme et la nature étaient en parfaite symbiose.

C'était l'époque de l'enfance de l'humanité, de délice éternelle. Il en ressort que le Président, à l'instar de l'ancêtre de Robert, fut un chef d'Etat combatif doté d'un pouvoir surnaturel. Il était le symbole de la générosité, de l'hospitalité, de la démocratie, du savoir intellectuel, de la sécurité. Ce que soutient Fatou Kiné Camara : « Dans l'entendement négro-africain, la force d'un souverain n'indique jamais la seule force physique ou militaire à l'exclusion de toute autre. Ce sont toutes les forces qui sont convoquées entre les mains du dirigeant : forces surnaturelles, forces intellectuelles, forces morales, forces physiques. Pour être élu parmi ses pairs, il faut être leur supérieur dans toutes ces matières »[112].

Dans l'imaginaire collectif, Houphouët jouissait d'une indéniable renommée. Le peuple lui consacre des éloges :

> Cassy se souvenait des fêtes de l'indépendance de son enfance [...]. Ce jour-là, les Ivoiriens retrouvaient leur fierté d'être Ivoiriens, d'appartenir à ce pays. Chacun mettait un point d'honneur à avoir le drapeau ivoirien accroché à sa fenêtre. La veille au soir, il y avait des bals populaires dans tous les quartiers. Et le 7 août, chacun portait ses plus beaux

---

[112] Fatou Kiné Camara, *Pouvoir et justice dans la tradition des peuples noirs*, Paris, L'Harmattan, 2004, p. 112 (L'auteur ajoute que les monarchies constitutionnelles noires étaient des monarchies électives).

habits pour assister au défilé ou aux danses traditionnelles à tous les coins de rue [...] 2003 : 28)

Cette intense ferveur populaire est un souffle épique, des poèmes variés et collectifs qui exaltent le héros libérateur, bâtisseur, infatigable et invincible au son d'un instrument de musique. Ils tendent à élever et à exalter les exploits et le génie d'un politicien aguerri, d'un guide spirituel averti. Jean Dérive soutient à ce propos :

> Il semble bien que l'épopée se caractérise comme un énoncé recevant toujours un accompagnement musical. [...] Cela est vrai pour l'épopée grecque antique aussi bien que pour les œuvres reconnues comme ses homologues, à différentes époques, dans toute l'Europe (les épopées médiévales, le Kalevala finnois), en Inde (où les « mahakaya » sont en principe accompagnés d'un ou de plusieurs instruments), au Japon (où les poèmes épiques sont récités au son du « biwa », sorte de luth), dans la culture arabe (accompagnement traditionnel au « rababa », sorte de viole), en Afrique noire (où la nature de l'accompagnement varie selon la zone de culture concernée : hoddu chez les peuls, kora, ngoni et balafon chez les Manding, etc.) Sur ce continent, il peut même arriver que le nom de l'instrument coïncide avec celui du genre, comme c'est le cas du « Mvët », en honneur chez les fañ du Sud-Cameroun et du Gabon.
>
> La permanence de cet accompagnement musical, d'une zone de civilisation à une autre, est significative d'une mise en rythme particulière de l'énoncé dans ce type de récit, qui implique un travail prosodique différent de celui de la prose ordinaire. Cette mise en rythme induit donc l'idée d'une sorte de versification, si l'on veut bien donner un sens large à ce concept. (100-101)

La ferveur populaire diffuse ainsi les chansons de gestes « dans tous les quartiers ». Même les artistes ont aussi participé avec enthousiasmes à ces chants et réjouissances populaires. L'adhésion à la Cause et au combat du Président est collective. Le peuple est ainsi mobilisé pour la révolution sociale, la défense de la

République par les armes du langage, de la poésie. La résistance y est aussi explicitement exprimée « chacun portait ses plus beaux habits ». Tous sont debout pour défendre les libertés populaires et les conquêtes démocratiques. Tout le pays vibre de joie mais aussi d'indignation face aux forces rétrogrades. A l'orée de l'indépendance, la convergence des vues politiques, l'unité nationale priment ainsi sur toute autre considération. Les objectifs immédiats de la population se nomment : instauration de l'unité nationale, création d'un Etat fort et développement harmonieux.

Les propos de Robert, du Président Houphouët-Boigny, de Cassy et du peuple sont des récits de louanges envers des héros épiques. L'Etat de Côte d'Ivoire serait ainsi issu du village jadis « éculée dans la forêt ». Toutefois, l'évolution du récit laisse voir un changement radical des personnages, des espaces. L'épique fait place à l'anti-épique par l'omniprésence des combats individuels et la dégénérescence des valeurs.

2 - Les temps actuels et la négation du destin collectif

Dans la première œuvre, *Les prisonniers de la haine*, le narrateur principal rapporte : « Aujourd'hui, trente ans après l'indépendance, la Côte d'Ivoire se retrouvait sans avenir. [...] Personne ne pouvait dessiner l'avenir. » (2003 : 45). De même, un personnage témoigne dans le recueil de nouvelles, *Robert et les Catapila,* non sans une note de tristesse: « Depuis quelques années, c'était la crise dans le pays. Il n'y avait plus d'argent, plus de travail, plus d'espoir » (2005 : 175).

Le constat est sans équivoque dans les deux œuvres. Le peuple ivoirien n'a plus aucun avenir. La répétition des négations totales « ne plus » « personne » rend compte d'un passé irréversible. L'ordre ancien s'effrite sous l'effet d'une politique inadaptée et l'érosion des valeurs. Le peuple n'a aucune maîtrise de son destin. Le désarroi et la panique se généralisent. Chacun y va de ses armes pour un mieux être social. Le combat individuel prend le pas sur le destin collectif.

- Une absence de combat collectif

Cette période consacre la fin de la lutte collective en faveur des individualités. Les choix sont variés. Le premier est l'immigration. « Tout le monde avait envie de quitter (ce pays) fétide » (2003 : 46) rapporte le narrateur de *Les Prisonniers de la haine*. L'Europe devient ainsi le point de mire de tous. Chacun rêve d'aller y faire fortune. Ceux « qui n'avaient pas de talents particuliers, rêvaient modestement d'être gardes du corps ou gorille dans les boîtes de nuit à Paris » (2003 : 89). Un personnage, Chiwawa, part dans deux jours. Il lit sa puissance et sa mutation à son retour :

> Je vous achèterai des motos et vous viendrez m'attendre à l'aéroport. Je serai habillé en blouson et pantalon cuir. Du vrai cuir. Vous escorterez ma 4X4 décapotable jusqu'à Treichville (2003 :89).

Mais, aucun ne réalise son rêve. Chiwawa, à la veille de son départ, est froidement assassiné ; il en de même de tous ses amis, partisans de l'immigration. Cassy, meurtri, est sans voix devant un crime crapuleux commandité dans une rue « sombre ». Comment dire l'indicible ? C'est au travers d'un soliloque puis d'un chant de Bob Marley accompagné de la musique que le personnage célèbre la mort de ses amis :

> Je ne te pleurerai pas, Jo Chiwawa. Je ne te pleurerai pas, Chico. Je ne te pleurerai pas, Angelo. Fils de la rue, fils du vent. Vous rêviez de liberté.[...] Votre rêve s'est brisé dans une sombre rue de Marcory. Frères, je sais que vous étiez des

gars bien. Des gars bien. Des gars bien. [...] Woman holds her head and cries. Cause her son has been shot down in the street and dies. (...) I, I, I, I know, Johnny was a good, good, good, good, good, Johnny was a good man (2003 : 91).

Le choix du soliloque, discours sans auditoire par lequel un personnage exprime sa pensée, traduit une exaltation. Pour, Cassy, ce sont des héros morts sur un champ de bataille. Ce soliloque est donc un chant portant sur des héros.

Olga, la petite amie de Cassy, connaît ce même destin tragique. Dans sa quête d'une carrière de mannequin international à Paris et sans avoir réalisé son rêve, elle meurt « broyée » par l'univers artistique sans pitié fait de mensonges, de drogues, de prostitutions et par une secte. C'est au travers d'un autre monologue que Cassy célèbre cette autre héroïne tragique :

> Pauvre petit oiseau foudroyé par la bêtise des tiens. Que ne t'ai-je tenu par la main, oh mon amour ! Puis-je te dire maintenant ces mots que je n'ai pas su prononcer ? Je t'aime, Olga. Je t'aime, je t'aime, et pardonne-moi. Pardonne-moi. Pauvre petit oiseau... (2003 : 136).

Cet autre soliloque aussi est un hommage ému. La métaphore « petit oiseau » contribue à mettre en évidence la vulnérabilité du personnage et par ricochet son destin tragique. Olga, Chiwawa sont des héros tragiques.

La quête d'autonomie et de bonheur par la prostitution s'avère être un choix aussi mortel que l'immigration. Pour sa survie, un adolescent, Karim, devenu amant de riches pédophiles, meurt assassiné par ses bourreaux craignant d'être dénoncés (2003 : 91).

La tentative d'autonomie et de quête de bonheur par le choix de la guerre n'a apporté que désespoir. Barracuda, l'enfant soldat qui s'est fait enrôler à coup de promesses mirobolantes pendant la guerre du Libéria, est revenu traumatisé.

Toutes les quêtes de liberté, d'autonomie et de mieux-être individuels se soldent ainsi par un échec comme pour dire qu'aucune quête hors des normes établies ne peut apporter une solution idoine. Seule une action collective et bénéfique à toute la communauté peut être efficace. L'individu doit s'insérer, pour son épanouissement, dans la voie tracée par les anciens. En d'autres mots, les voies adoptées par les jeunes gens, qui se nomment immigration, prostitution, guerre, dès lors qu'elles remettent en question les règles de vie de la communauté ne pouvaient inéluctablement qu'aboutir à des échecs ou à des fins tragiques. Les échecs du combat des jeunes montrent l'exigence qu'il y a de vivre en conformité avec les idéaux de la communauté d'origine : le respect des règles sacrées, l'esprit de solidarité et la lutte pour la cause de la communauté toute entière.

Par ailleurs, le thème de voyage évoqué renforce l'obéissance aux lois sociales. L'objectif passe pour faire comprendre au personnage le mal de son aliénation par l'abandon des valeurs ancestrales. L'individu ne compte que dans la mesure où il met ses capacités et son honneur à se dévouer pour la communauté à l'instar du fondateur du village ou du Président Houphouët-Boigny. Chiwawa et ses amis, Olga et Karim quoique célébrés par Cassy ne sont pas au sens réel des héros mais des résistants solitaires. Ce sont des anti-héros, des hommes à la conquête de leur destin et de leur histoire personnelle à l'instar de l'élite, des autorités politiques, religieuses.

- *Une absence de modèle social et politique*

Au fil des pages, l'œuvre montre l'absence criante d'éthique au niveau des structures étatiques et religieuses.

La jeunesse estudiantine, désemparée, témoigne de la démission de l'élite :

> Lorsque nous étions au lycée, nous étions environ cent élèves par classe. A l'université, les amphithéâtres sont surpeuplés, et depuis qu'on a diminué les salaires des enseignants, ceux-ci ne viennent plus aux cours. Quand ils ne font pas la politique, ils préfèrent, comme ils le disent eux-mêmes, chercher « des gombos » ailleurs, c'est-à-dire faire d'autres boulots (2003 : 175).

La modicité des salaires et les conditions difficiles de travail en sont les causes. Certains intellectuels associés à la classe dirigeante participent la détérioration du tissu socio-économique et à l'accentuation de la misère du peuple. Ces intellectuels arrivistes livrent ainsi leurs talents et leur savoir à des autorités politiques sans foi ni loi. Le déficit de modèle, d'éthique et de leaders responsables est criant : « Au parti, toutes les femmes, mariées ou non, étaient les maîtresses de la direction » (2005 : 77). La dégénérescence des valeurs religieuses est à l'image de la démission de l'élite et la perversion des autorités politiques.

La malhonnêteté a gagné les religieux. Ils se déclinent en « Une race d'escrocs (qui) s'étant proclamés pasteurs ou prophètes, en profite pour abuser la population » (2003 : 232). Les adeptes du prophète Dago 1er, quoique auparavant « arrêté et jeté en prison parce qu'il avait vendu un terrain administratif à plusieurs personnes à la fois » (2005 : 131-132), se comptent parmi les hauts cadres du pays. La malversation, la tromperie, la compromission deviennent des valeurs de référence. Dans *Robert et les Catapila*, un vieil iman feint de brûler le ticket de loterie gagnant devant ses fidèles. Rentré chez lui, le lecteur découvre ses intentions réelles par le biais d'un monologue :

> Aladji regardait le billet de loterie. Il avait oublié la Sourate du Prophète (que son saint nom soit béni). Ce qu'il avait en tête est qu'il avait là, entre ses mains, deux millions de francs. De quoi à régler ses dettes, et même de prendre une quatrième épouse (2005 : 260).

Après avoir endossé le chèque, l'imam danse le « Wawanco » devant les caméras de télévision. La misère morale et intellectuelle s'affiche se célèbre et on s'en vante. Les adolescents errent dans la ville sans repère identificatoire. Ils exhibent leur débauche sans pudeur et sans complexe, il n'existe plus de tabou. Tous rejettent l'effort qui menait jadis à la réussite pour chercher une jouissance immédiate. L'unique chose qui les préoccupait était selon le narrateur : « faire le show », c'est-à-dire « s'amuser ». Tous étaient « très partant(s) pour les beuveries, les soirées en boîte de nuit ou les virées à la plage… » (2003 : 16). Ils n'aiment écouter que la musique et les chansons qui célèbrent l'amour et le libertinage sexuel à l'instar de cette musique de Bob Marley : « Get up, get up, get up, let's make love tonight… » (2003 : 24). Même, les adolescentes, dans la rue, s'offrent aux hommes pour : « quelques bières, une bouteille de vin ou un petit billet de banque ».

Le principe du plaisir, selon la conception de Freud, se vit ainsi en permanence. Alors que la maîtrise du temps était considérée jusque-là comme l'un des atouts existentiels de la vie africaine, les récits de Venance Konan montrent un changement radical dans la conception de cette entité. Se multiplient alors les occurrences qui traduisent la haine du temps : « La belle vie, les belles femmes, l'argent [...] Ils (les jeunes gens) veulent ça, tout de suite » (2003 : 42). La société fonde son existence sur la luxure, le culte de l'argent : l'argent facile, l'argent rapide. Dès lors, le jeu, l'escroquerie et le banditisme remplacent l'effort et le travail.

On lit ainsi le bouleversement des institutions ancestrales. La Côte d'Ivoire n'est plus ce qu'elle fut jadis. Les hommes exhibent une humanité inférieure et des instincts vulgaires et bestiaux. Les valeurs se révulsent en leur contraire. Les propos soulignent l'instauration d'une nouvelle ère. Les temps glorieux sont terminés. Une ère nouvelle commence. Elle est l'envers infâme de la période passée. En d'autres mots, les personnages célèbrent la fondation d'un nouveau monde. Le mythe de création de temps nouveau se superpose à celui eschatologique de la fin d'un autre. Le présent se décline en une épopée grinçante et négative : une contre épopée. Le présent n'est plus que le résidu d'un temps révolu. Cette épopée tourne à la catastrophe et au désastre. L'héroïsme fait place au déshonneur, à l'infamie.

Conclusion

Il y a une volonté incontestable d'une pratique d'écriture épique, une volonté d'écrire une épopée qu'elle soit glorieuse ou infâme chez Venance Konan. Pour elle, l'épopée, genre et mélange de genres, mérite d'être cultivée. Son écriture peut être considérée à bon droit comme celui d'un véritable griot africain. Elle étale les généalogies des héros dont elle raconte les hauts faits. L'œuvre véhicule le savoir-vivre et le savoir mourir d'une communauté. Les chants, le mode élogieux et le rapport permanent à la musique sont autant d'éléments à la mise en représentation du griot. L'écriture est ainsi subordonnée à la parole. L'auteur est supprimé. Le texte est conçu non comme un produit individuel mais collectif. Les récits ne sont qu'une réactualisation d'un texte ancien, d'un patrimoine existant.

Les premiers écrits de Konan Venace en redonnant ainsi vie à l'épopée, fonde et légitime une pratique littéraire archaïque, le premier dans la hiérarchie des genres. L'épopée, comme pratique littéraire intégrée dans le roman et la nouvelle, rend compte de la confusion dans les genres d'écriture ; elle annihile la distinction entre le haut et le bas, entre « grande culture » et « culture populaire », entre nature et culture, entre écriture et oralité. Chacune de ces oppositions est complice des autres. A la suite de Jacques Derrida, Venance Konan met en scène l'intrication de ces différents concepts malgré leur apparente opposition. L'auteur adopte ainsi un style « déconstructif ». Il prend position à l'égard de l'autorité du langage et de la linguistique pure. Aussi, la réminiscence épique du passé est-elle sous-tendue par une stratégie de survie contre la figuration du désordre social. La description de la société passée, à partir du souvenir qu'en ont gardé les personnages, est hantée par le désir de souligner les défauts de la société actuelle. Le modèle ancestral est célébré comme un âge d'or face aux temps actuels. C'est la figure idéale et salvatrice.

Le passé social ainsi évoqué participe d'un souci de répondre au désarroi actuel. Le peuple malheureux peut y trouver un réconfort, un espoir. Le passé rassure. Les personnages voudraient redonner ainsi confiance à leur compatriote. Le récit inspire le goût de la résistance. Le souvenir du passé facilite la réalisation des ambitions à venir. En évoquant les grandeurs passées, les personnages recherchent moins à reconstituer l'âge d'or qu'à se créer une psychologie de courage et d'enthousiasme. Le recours au passé ne peut donc pas être interprété comme une attitude de fuite du présent. Il passe au contraire pour une volonté de recherche de modèle pour faire face aux difficultés du moment. Il redonne confiance. C'est une attitude combative. Igor Stravinsky disait à ce propos : « Une tradition véritable n'est pas le témoignage d'un passé révolu ; c'est une force vivante qui anime et informe le présent »[113].

Le souci de traduire la vieille littérature orale comme une forme esthétique et un discours qui agit sur les autres et les influences considérablement est ainsi au centre du projet littéraire de l'auteur. Pour Venance Konan, la parole ancienne notamment l'épopée donne confiance, courage et foi en un avenir meilleur. Elle renouvelle les formes classiques par la déconstruction des catégories littéraires déjà existantes.

Bibliographie

Camara, Fatou Kiné, *Pouvoir et justice dans la tradition des peuples noirs*, Paris, L'Harmattan, 2004, p. 112.

Konan, Venance, *Les prisonniers de la haine,* NEI, Abidjan, 2003. (roman).

Konan, Venance, *Robert et les Catapila,* NEI, Abidjan, 2005, 286 p. (recueil de nouvelles)

Derive, Jean, (sous la direction), *L'Epopée, Unité et diversité d'un genre*, Paris, Karthala, 2002.

Kesteloot, Lilyan, *L'Epopée Bambara de Ségou*, Tome 1, Paris, L'Harmattan, 1993.

Kesteloot, Lilyan, et Bassirou Dieng, *Les Epopées d'Afrique noire*, Paris, Karthala, 1997.

Kesteloot, Lilyan, et alii, *Epopées d'Afrique de l'Ouest, épopées médiévales d'Europe*, Paris, Publidix Université Paris X, Actes du séminaire, littéraire n°29, 2002.

---

[113] Igor Stravinsky cité par Daniel-Henry Pageaux, in *Images et mythes d'Haïti*, Paris, L'Harmattan, 1984, p. 65.

Miquel, Dom Pierre, *Dictionnaire symbolique des animaux,* Paris, Ed. Léopard d'or. 1991.
Labre, Chantal, *Dictionnaire biblique culturel et littéraire*, Paris, Armand Colin, 2002.
Pageaux, Daniel-Henri, *Images et mythes d'Haïti*, Paris, L'Harmattan, 1984.
La Bible, édition Louis Segond.
Le Quotidien *Le Nouveau Réveil,* n°1105 du 22 août 2005.

Présentation des auteurs

Abomo-Maurin Marie-Rose

(abomo.maurin@laposte.net), docteur de l'Université de Paris IV-Sorbonne, titulaire de HDR de l'Université de Paris XII, est actuellement professeur de lettres au Lycée J. Monod, dans l'agglomération orléanaise, chargée de cours de littératures francophones à l'UFR de Lettres, langues et sciences humaines d'Orléans. Chercheur participant aux opérations de recherche du LLACAN (Langage, langue et cultures d'Afrique noire)/CNRS Paris-Villejuif, son domaine de recherche comprend l'ethnolinguistique et la littérature orale fañ-boulou-beti du Cameroun. Auteur de nombreux articles critiques sur les littératures francophones écrites et orales, elle vient de publier *Parlons boulou, une langue bantou du Cameroun* chez L'Harmattan (2006). Son recueil de poésies, *Minkul mi nlem ou les épines de mon espoir*, est paru en décembre 2006 aux Editions Clé de Yaoundé. Son ouvrage, *Ayono Ala, épopée Mvët du Cameroun*, va sortir prochainement chez Classiques Africains.

Autres publications

- Senghor et Tchicaya : la réécriture de *Chaka*, une épopée bantou, Colloque international « Tchicaya U Tam'Si», Orléans, octobre 1998, dans *Ethiopiques : revue négro-africaine de littérature et de philosophie,* n° 69, 2ème semestre 2002, p. 33-45.
- Tchicaya U Tam'Si ou le poète de la souffrance, en collaboration avec Jean-Pierre Biyiti bi Essam, dans *Notre librairie, Revue des littératures du Sud,* n° 137, Mai-Août 1999, p. 45-51.
- Note de lecture sur *Lagon, lagunes* de Sylvie Kandé (Paris Gallimard, 2000), dans *Notre librairie, Revue des littératures du Sud,* n°142, octobre-décembre 2000, p. 55.

– « Henri Lopes, volonté d'enracinement et besoin d'ouverture : le cas de la *Nouvelle Romance* », dans *Henri Lopes : une écriture d'enracinement et l'universalité*, sous la direction de André-Patient Bokiba et Antoine Yila, Paris, l'Harmattan, 2002, p. 31- 49

– « La thématique de l'œuvre romanesque de Mongo Beti », *Mongo Beti, le proscrit admirable*, Textes réunis et présentés par Oscar Pfouma, Ed. Menaibuc, 2003, p. 43-65.

– « Le Rwanda ou « le Théâtre des cruautés ». Une lecture de *La Phalène des collines* de Koulsy Lamko », dans *Ethiopiques : revue négro-africaine de littérature et de philosophie,* n°71, 2ème semestre 2003, p. 51-68.

- « Les Thématiques majeures du roman camerounais, de 1960 à 1990 », dans *Patrimoine, Mensuel de la culture et des sciences sociales*, n° 0053, octobre 2004. Yaoundé, Cameroun, p. 1. et p. 14-15.

– « La thématique du voyage dans le roman camerounais », *Patrimoine, Mensuel de la culture et des sciences sociales*, n° 61, septembre 2005, Yaoundé, p. 14-15.

– La société de la culture peule à travers les *Contes Peuls Mère-Lionne,* dans *Paroles Nomades : écrits d'ethnolinguistique africaine*, sous la direction de Ursula Baumgardt et Jean Derive, Paris, Karthala, 2005, p. 233-244.

– L'épopée bulu du Sud-Cameroun : un genre en mutation ? L'exemple de *Ayono Ala* d'Asomo Ngono Ela, dans *Oralité africaine et création* sous la direction de Anne-Marie Dauphin-Tinturier et Jean Derive, Paris, Karthala, 2006, p. 127-147.

Belinga b'Eno Charles (echarbe@yahoo.fr) enseigne au Département de Littérature négro-africaine, Faculté des Arts, Lettres et Sciences Humaines de l'Université de

Yaoundé I. Il travaille surtout sur la littérature orale. Il est également poète à ses heures.
Quelques publications :
- « Yaoundé ville cosmopolite par l'intégration linguistique » in *Yaoundé, grande métropole cosmopolite au seuil du troisième millénaire.* Eno Belinga et Vicat, *Les Classiques camerounais*, 2000. (En collaboration avec Atindogbe Gratien Gualbert.)
- « Oralité : Enonciation, lieu d'énonciation, herméneutique d'une incommunication », in *Langues et communication n° 1*, Yaoundé, Saint-Paul, 2002.
- « Le français au Cameroun : aspects d'une interlangue fossilisée » in *Dynamique du français au Cameroun : problèmes sociolinguistiques et stylistiques, enjeux didactiques et glottopolitiques.* Fosso, Yaoundé, Presses Universitaires d'Afrique, 2004. (En collaboration avec Atindogbe Gratien Gualbert).
- « Les marques de l'oralité dans l'écriture romanesque de Ferdinand-Léopold Oyono » in *Ecce Homo : Ferdinand-Léopold Oyono* de Gervais Mendo Ze, Paris, L'Harmattan, 2007.

Bornand Sandra (s.bornand@bluewin.ch), Docteur ès Lettres de l'université de Lausanne (prix du rectorat 2003), de nationalité suisse, travaille depuis 1994 sur les traditions orales songhay et zarma du Niger. Sa formation en littérature et analyse des discours complétée par une formation en anthropologie l'a amenée à mettre l'accent dans ses recherches sur les relations entre parole et pouvoir, sur les différents genres discursifs et leurs fonctions, sur l'énonciation (pour l'instant, uniquement lors de conférences) et sur les représentations.
Bibliographie sélective :
- *Le discours du griot généalogiste chez les Zarma du Niger*, Paris, Karthala, 2005.

- *Parlons zarma*, Paris, L'Harmattan (coll. *Parlons*), 2006.
- « Images de soi: le griot zarma (Niger) tel qu'il se représente dans les récits qu'il raconte aux nobles », in *Aktuelle orschungen zu afrikanischen Sprachen* (éds. Schumann, Reh et Gerhardt), Köln, Koeppe, 2002, p. 275-278
- « Le griot comme médium » in *African Media Cultures. Transdisciplinary Perspective. Cultures de médias en Afrique. Perspective transdisciplinaire* (éds. Beck & Wittmann), Köln, Koeppe, 2004, pp. 159-169.
- « Niger: étude de l'idéologie de l'ostentation dans la société zarma "traditionnelle" et moderne : l'exemple des relations entre nobles et jasare », *Nouveaux Cahiers de l'IUED* (sous la direction de Laurent Monnier et Yvan Droz), Paris, PUF, 2004, pp. 87-105.
- « Insultes rituelles entre coépouses: entre jeu et conflictualité. Etude du marcanda (Zarma, Niger) », in Humour et joutes oratoires, http: // www.ethnographic.org. *Paroles Nomades* (éds. Baumgardt & Derive), Paris, Karthala, 2005, pp. 319-340.

A paraître : "De l'éloge du nom", *Cahiers de littérature orale*.

A paraître : "Jasare et marabouts: discours contradictoires sur la légitimité", *Frankfurter Briefe,* Köln, Koeppe.

A paraître : "Entre ciel et terre : de la construction d'une identité dans deux récits d'origine des Zarma (Niger)", In *La représentation de l'espace dans la littérature orale africaine* (titre de travail d'un ouvrage collectif écrit en collaboration avec les participants des groupes de recherche ethnolinguistique et littérature orale africaine du CNRS), à paraître probablement chez Karthala.

Pour connaitre la musique/disques (rédaction des pochettes)

- 1998: Niger Epopées zarma et songhay, Paris, OCORA Radio France.
- 1999: Niger musique dendi*. Harouna Goge, Paris, OCORA Radio France.
- 2005: Les musiciens des chasseurs gouroumi**, Paris, OCORA Radio France.

* La région se trouve au sud du Niger, à la frontière du Bénin. Cette région est peuplée de Dendi (sous-groupe songhay-zarma) et de Haoussa.

** Situé dans le Dallol Maouri, une région haoussaphone.

Cornius Véronique (veroniquecorinus@libertysurf.fr) : titulaire d'un doctorat en langues orientales, cette enseignante, associée aux opérations du LLACAN/CNRS, est actuellement Maître de conférences à Lyon.

Dauphin-Tinturier Anne-Marie (amdauphin@freesurf.fr), docteur en ethnologie, spécialiste de la Zambie, travaille sur le groupe Bemba. Elle est associée à plusieurs opérations de l'UMR LLACAN (Langage, langues et cultures d'Afrique noire). Elle est également membre du bureau de l'ISOLA (International Society for oral litterature in Africa). Elle a publié entre autres :
- « La femme, le lion et le prêtre. Les trois fonctions de la femme dans le nord de la Zambie », *Cahiers de Littérature orale*, n° 34, INALCO, 1993, p. 177-221.
- « Cisungu à nouveau. Initiation des femmes et structure sociale (bemba, Zambie) », *L'Homme*, 167-168, juillet-décembre 2003, Paris, 187-207.
- « Ecoutez et regardez. Demain, il sera trop tard », Analyse d'un ensemble de chants élaborés dans le cadre d'un projet de l'UNICEF pour la prévention du Sida en Zambie (Copperbelt), *in Oralité africaine et création,* Paris, Karthala, 2005, p. 283-299.

- « Plaisir et « adaptation du corps ». Une approche du masculin et du féminin dans el nord de la Zambie », in *Paroles Nomades, écrits d'ethnolinguistique africaine,* Paris, Karthala, 2005, p. 411-428.

Degorce Alice (alicedegorce@yahoo.fr)est doctorante en anthropologie sociale et culturelle à l'Université Bordeaux 2 Victor Segalen. Elle prépare actuellement une thèse sur les représentations et les mises en scènes des défunts dans les rites et les chants funéraires des Moose du Burkina Faso. Elle est auteure de nombreux articles en littérature orale.

Gueyes-Troh Léontine (ltgueyes@yahoo.fr) est assistante à l'Université de Cocody-Abidjan. Membre du GERLIF de l'Université d'Abidjan (Groupe d'Etude et de Recherche en Littérature Francophone), elle est titulaire d'un doctorat en littérature comparée. Sa thèse portait sur *L'Approche psychocritique de l'œuvre d'Henri Lopes* (2005). Son prochain article paraît en juillet 2007 dans *Notre Librairie* sur l'œuvre de l'écrivain ivoirien Venance Konan. Très active dans la recherche sur le roman et la littérature francophones, elle participe à de nombre colloques.

Sissao Alain-Joseph (ajsissao@yahoo.fr) est chargé de Recherche à l'Institut des Sciences des Sociétés au Centre National de la Recherche Scientifique et Technologique. Il a travaille dans le champ de la littérature orale et écrite africaine, plus spécifiquement les rapports oralité/écriture. Il a fait des séjours de Recherche au LLACAN pour des recherches depuis 2002. Il est membre de plusieurs associations de littérature, savantes et de réseaux : l'APELA; la société des africanistes, le CRITAOI. Il a publié de nos nombreux travaux de recherches et des ouvrages dont les titres sont les suivants:

- « Le métissage culturel dans le roman burkinabè » Paris, *Cahier d'Etudes Africaines,* N°163-161, XLI-3-4, 2001, pp. 783-794.
- « Oralité et production romanesque : A la recherche de traces de l'oralité moaaga dans les productions romanesques burkinabè », *Cahiers du CERLESH* N°19, 2003, 217-247.
- « Entre oralité et écriture : les fondements culturels des proverbes et chants malinké à travers l'œuvre d'Ahmadou Kourouma : *En attendant le vote des bêtes sauvages,* 20 pages, *Science et technique*, Série Lettres, Sciences Sociales et Humaines, 2003.
- *Contes du pays des Moose*, Paris, Karthala, mai 2002.
- *Alliances et parentés à plaisanterie : mécanismes de fonctionnement et avenir,* novembre 2002.
- *Weeogo, poèmes d'exil*, Paris, l'Harmattan, juin 2005.

Tang Alice-Dephine (tangdelphine@yahoo.fr) est professeur-adjoint (Maître de Conférences) à l'Université de Yaoundé 1 où elle enseigne les littératures française et francophone. Elle est titulaire d'un Doctorat d'Etat, option littérature comparée. Ses recherches portent sur les questions des rapports personnage féminin/personnage masculin dans les littératures française et francophone avec une prédilection sur l'écriture féminine. Elle est l'auteure de deux ouvrages scientifiques publiés aux Editions Lincom Europa et d'une trentaine d'articles parus dans des revues scientifiques.
Titres des ouvrages:
- *Ecritures du moi et idéologies chez les romancières francophones, Claire Etcherelli, Gabrielle Roy, Werewere Liking et Delphine Zanga Tsogo*, Muenchen, Lincom Europa, 2006.
- *Le personnage masculin perçu au prisme du regard féminin. Etude d'une vision cosmopolite de l'homme par*

quatre écrivaines francophones, Muenchen, Lincom Europa, 2007.

Ugochukwu Françoise (fugochukwu@yahoo.com) collaboratrice au LLACAN-CNRS et habilitée à diriger des recherches, est actuellement maître de conférences à l'Open University en Angleterre après de nombreuses années à l'Université de Nsukka au Nigeria. Africaniste, spécialiste d'ethnolinguistique et de littérature comparée, son domaine de recherches couvre le Nigeria, plus particulièrement les études igbo, et l'Afrique francophone. Elle est l'auteur d'un dictionnaire igbo-français avec lexique inverse, de deux volumes de contes recueillis et traduits, de quatre romans pour la jeunesse, de nombreux chapitres d'ouvrages et d'une quarantaine d'articles publiés en Europe, en Afrique, en Amérique du Nord et en Australie. Elle a également traduit en français le premier roman igbo. Membre de plusieurs sociétés savantes, dont celle des Africanistes du Musée de l'Homme, elle entretient depuis plusieurs années des liens de recherche avec l'INALCO, l'Institut français de recherche en Afrique d'Ibadan, les Centres d'études africaines d'Edimbourg et de Birmingham et la Fondation Senghor de Dakar. Son œuvre de pionnière dans le domaine des études igbo et sa contribution au développement des relations culturelles entre la France et le Nigeria lui ont valu la distinction de chevalier des palmes académiques en 1994.

COMITE DE RÉDACTION

Responsable : collecte, correction et présentation des textes.
Abomo-Maurin Marie-Rose (professeur de lettres, collaboratrice au LLACAN-CNRS, chargée de cours à l'Univ. d'Orléans)

Relecture

Belinga b'Eno Charles, (Université de Yaoundé I).

Ugochukwu Françoise (collaboratrice LLACAN-CNRS et maître de conférences à l'Open University, Angleterre.

Table des matières

L'HARMATTAN, ITALIA
Via Degli Artisti 15 ; 10124 Torino

L'HARMATTAN HONGRIE
Könyvesbolt ; Kossuth L. u. 14-16
1053 Budapest

L'HARMATTAN BURKINA FASO
Rue 15.167 Route du Pô Patte d'oie
12 BP 226
Ouagadougou 12
(00226) 50 37 54 36

ESPACE L'HARMATTAN KINSHASA
Faculté des Sciences Sociales,
Politiques et Administratives
BP243, KIN XI ; Université de Kinshasa

L'HARMATTAN GUINÉE
Almamya Rue KA 028
En face du restaurant le cèdre
OKB agency BP 3470 Conakry
(00224) 60 20 85 08
harmattanguinee@yahoo.fr

L'HARMATTAN CÔTE D'IVOIRE
M. Etien N'dah Ahmon
Résidence Karl / cité des arts
Abidjan-Cocody 03 BP 1588 Abidjan 03
(00225) 05 77 87 31

L'HARMATTAN MAURITANIE
Espace El Kettab du livre francophone
N° 472 avenue Palais des Congrès
BP 316 Nouakchott
(00222) 63 25 980

L'HARMATTAN CAMEROUN
BP 11486
(00237) 458 67 00
(00237) 976 61 66

harmattancam@yahoo.fr

Achevé d'imprimer par Corlet Numérique - 14110 Condé-sur-Noireau
N° d'Imprimeur : 51877 - Dépôt légal : juillet 2008 - *Imprimé en France*